全员成交思维

郑晗 黄琼 著

中国商业出版社

图书在版编目（CIP）数据

全员成交思维 / 郑晗，黄琼著． -- 北京：中国商业出版社，2019.6

ISBN 978-7-5208-0753-1

Ⅰ．①全… Ⅱ．①郑… ②黄… Ⅲ．①企业管理—通俗读物 Ⅳ．① F272-49

中国版本图书馆CIP数据核字（2019）第085743号

责任编辑 常 松

中国商业出版社出版发行

010-63180647　www.c-cbook.com

（100053 北京广安门内报国寺1号）

新华书店经销

北京天恒嘉业印刷有限公司印刷

*

710毫米×1000毫米　16开　13印张　100千字

2019年8月第1版　2019年8月第1次印刷

定价：98.00元

* * * *

（如有印装质量问题可更换）

创始人——郑晗

匠芯研选科技有限公司总裁，原聚成资讯集团深圳分公司总经理，原盛世纵横国际资讯集团董事、总经理，资源整合国际研究中心副主任，《整合天下赢》主讲老师，《学会感恩担当责任》作者，《全员成交思维》作者。

经典课程：《全员成交思维》《总裁经营思维》《通盘生发》《高效团队训练营》系列课程。

郑晗老师，从事教育培训工作十余年，培训过数万家企业，参训学员超过十万人，数十家企业经过她手把手的指导，业绩立刻激增。听过她课程的学员，除了频频感激她课程的实用性，无不被她身上散发的强者魅力所折服。早年间，她从事美容学校的讲师工作，做过美容师、美容导师、业务经理、化妆品厂家高管，亲自操盘过亿的高端项目。直至正式转行到培训领域，从业务员，到业绩冠军，到分公司总经理，到集团高管、董事，一直学销售、做销售、教销售。郑晗老师创造了无数的个人冠军、团队冠军、行业冠军，时刻保持与时俱进，一直坚持站在专业的角度、销售的角度、客户的角度，用三种角色结合而成的全方位思维模式，从人性的根本上梳理企业经营思维，提升成交能力和成交结果打造高效团队，无往而不利！

创始人——黄琼

整合营销学院运营总经理，课程编导。《整合天下赢》全国班主任，拥有3万名企业家学员。《纵横家》执行主编。当当畅销书《互联网销售宝典》《微商教练操作手册》联合出品人。精通大型培训论坛的公关运营与整合营销，曾零成本投放3000万机场、铁路、公交等户外新媒体广告。早年任品牌联盟（股票代码：837940）公关负责人，华谱奖创意者。

序言

从"无商不尖"到"无商不奸"

做了十年的企业管理,每天和不同规模、不同行业、不同状态的企业打交道,看惯了企业兴衰生死,很多企业在面对经营困难的时候,有的说是因为盈利模式不对,有的说是因为没有团队,有的说是市场竞争太激烈……很少听过哪位企业家自评是因为自己的价值观导致。常常有一些企业家找到我,开门见山地询问我:"老师,怎么才能让客户快速掏钱?"我都会反问:客户凭什么掏钱?客户凭什么还要快速掏钱?一说起商人,说起办企业,很多人将"无奸不商"奉为圭臬。很多商人不把人当人,不把顾客当人,而是当成了利益获取体。殊不知,老祖宗表达的却是"无尖不商"的经商信念。"无商不尖",出典为旧时买米以升斗作量器，卖家在量米时会以一把红木戒尺之类削平升斗内隆起的米，以保证分量准足。标准分量，银货两讫成交之后，商家会另外在米筐里再添点米加在米斗上，如是已抹平的米表面便会鼓成一撮"尖头"。量好米再加点添点，已成习俗，即但凡做生意，总给客人一点添头，故有"无商不尖"之说。

"无商不尖"不止体现在买米，旧时去布庄扯布，"足尺放三""加三放尺"。拷油拷酒都有点添头。货物给得"尖"出来，多给一些，诚信对待每个客户，利润追求合理化而不是最大化。这才是经商的真谛，才是一家企业长盛不衰的秘籍。从"无商不尖"到"无商不奸"，从绝对褒义到完全贬义，一字之差，天壤之别。现代的商业行为应有"无商不尖"的原始商业理念，远离"无商不奸"旧的称呼，让商品交易在公平、诚信的氛围中回归本质，企业经营有价值观、精神的传承。

我们总说不忘初心，是这些年非常流行的词，可大多数经商之人在选择从商之路时大多为了生存，为了生存不计后果甚至不择手段，我们先不去评论对错、功过。可是生存之后呢，我们继续前行，做每一件事情的初心是什么？世间万物道法自然，一切均有轮回，万事都有自然规律，不符合自然规律骤然发生的都将形成灾难，宇宙的运行规律为顺者昌，逆者亡。我们如果忘记了经商之本，也丢掉了做人之本，一味注重赚快钱，快获利，如果今天我们急功近利的经商之心在科技氛围下被放大到无以复加的地步，就会自己将企业经营到越发艰难的地步，中国企业现在普遍存在一个问题，生命周期太短，同时人才使用周期也很短。2016年的数据显示，中国民营企业平均生命周期是2.7年，而同时期美国的企业平均生命周期是12.5年。社会很浮躁，唯有静下心来用心做事才能持续。

正是因为看惯了现代企业现状后产生了深深的反思，才想出这本书。想以自己多年所看到、所经历的帮助企业和销售团队突破传统的成交思维，解决销售困境的同时，也让企业真正找到基业长青的根本所在，让中国民营企业延长生命周期，涌现更多的"百年企业"。一个企业的起心动念，是否顺势择市、顺应民意、顺应民心、顺理成章而水到渠成？正所谓得人心者得天下，你失去了人心，自然就失去了自创的业。人别总把"生意"理解为"挣钱"，为了眼前利益而失去长远发展，在发展中急功近利的"一锤子"买卖，生意的本初乃是分享，把好的东西分享给有需或有缘之人，而形成持续的良性循环方成本业！

而今，并不是生意不好做，而是没有好好做生意！钱财乃身外之物，生是生生不息，意乃心上之意。真诚做人。做事，既不能忘恩，也不能忘本，更不能忘根，方能长久。此为商道，亦为正道！

目 录 DIRECTORY

第一章 地图不是实际的疆域

第一节 努力工作 VS 用心工作 // 003

第二节 话术和技巧只是外在力量 // 008

第三节 客户不是敌人 // 016

第四节 别成为自己讨厌的样子 // 019

第二章 了解你的客户

第一节 换上客户的脑袋 // 025

第二节 卖什么也别卖东西 // 031

第三节 成交高手不成交产品 而是满足需求 // 039

第四节 成交的最高境界是聊天 // 043

第三章 大慈者无畏

第一节　心对了，人就对了 // 053
第二节　真正的成交是成交自己 // 056
第三节　赚钱只是顺便的事 // 062
第四节　有理由的热情是虚假的热情 // 067
第五节　成交要保持一颗纯洁的心 // 073
第六节　大慈者无畏 // 078

第四章 人情练达即销售

第一节　成交之前打破三层绳索 // 087
第二节　人生成就 = 能力 × 努力 × 态度 // 096
第三节　管理好情绪 才能管理好人生 // 102
第四节　成交就是做人 // 113
第五节　我们都是经营"人"的行业 顺便卖产品 // 121

第五章 你为什么成交少

第一节　没有坚定的目标让你成交少 // 133
第二节　不说人话是不能成交的重要原因 // 148
第三节　有私心、怕拒绝让你成交少 // 152
第四节　感觉不好，成交就少 // 160

第六章 修心就是修命

第一节　成交 无处不在 无人不需 // 169

第二节　成交，就是成就人生 // 171

第三节　全员成交思维 成交不是技巧 是心法 // 173

第四节　梦想成真 VS 梦想当真 // 177

后　记

十年以后的公益课堂梦 // 183

第一章
地图不是实际的疆域

第一节　努力工作 VS 用心工作

作为老板，面对自己公司的老客户不断流失，又很难成交到新客户，是否苦闷彷徨却找不到原因？

作为销售团队的主管，销售任务如泰山压顶，成员间参差不齐的销售水平和销售心态是否导致你日渐增多无奈和深深的疲惫感？你是否感觉团队的销售到达了瓶颈期，业绩难以突破？是否觉得很想突破，却有心无力，也越来越难激励团队的士气？

作为一个销售老手，你是否同样存在恐惧？害怕自己的产品或者项目得不到客户的认可，怕客户对自己或者公司失望？害怕自己赚客户的钱太多，却给不到客户想要的结果？

作为销售人员，你长期销售同一种产品，每天被无数次拒绝,你是否已经心生厌倦,再也激不起工作的兴趣和活力。倦怠可能正吞噬着你仅有的年华和你本该拥有的财富,该是重新更新自己的销售思维,认识自身职业发展和自己真正价值的时候了。

作为初出茅庐的销售新人,当你面对陌生客户,准备与其交流时,是不是经常会出现心跳加快的现象,或者往往将原本准备得特别充分的话术一下子忘得一干二净呢?你是否在推销的过程中,怕被别人注意或稍有差错就产生极度恐惧的情绪,而且害怕在公共场合讲话,不愿意接触人,不愿意拜访客户,不敢向人推销?

……

以上种种问题,相信很多公司和销售人员都深陷其中,虽"上下求索"却一筹莫展。很多公司寄希望于培训,却发现大部分销售培训只是教给他们销售技巧和销售话术,而对于这些大同小异的技巧,客户们早已经拥有了"免疫力",甚至对于有些技巧,你说了上半句,人家客户已经知道了下半句,只是徒增销售人员的尴尬和顾客的反感。还有很多公司寄希望于"画饼充饥",每天喊口号,以为员工喊得地动山摇就是给他们加满了油,但是心灵深处的匮乏和空虚却日益加深,疲惫不堪。

每个销售人员都渴望成交，但是成交却越来越难，原因究竟是什么？又如何突破？

很多销售人员陷入了销售疲惫和销售恐惧中，又该如何化解，让恐惧和倦怠从心底消失得无影无踪，代之以充满喜悦和积极的心态去看待自己从事的行业和销售工作本身？

在《全员成交思维》这本书中，我们不谈技巧、不背话术，而是从"心念"出发，从根本上解决销售上的种种问题。这本书不是一本只给销售人员看的销售技巧类的书籍，而是从企业发展的角度，希望企业看到客户的存在，尊重客户、了解客户、理解客户、成就客户。过去的销售也许太在乎技巧和话术，而本书则引导销售人员站在消费者的立场去思考，不去注重营销策略和销售技巧，而是从人性出发，从根本上解决问题。所以这本书不仅适合销售人员看，也适合企业的管理者和老板学习。

回想起大部分公司的销售模式，禁不住一声叹息：都说顾客是上帝，但是很多推销员简直是把客户当敌人啊！来了客人之后，导购、店长、厂家顾问……几轮的轮番轰炸，一副势必拿下客户的"企图心"昭然若揭。这是把客户当成上帝吗？这是把客户当猪一样宰了！

这种现状在很多公司都存在。如果不解决的话，老板在家都不知道这单为什么没有谈下来，为什么公司业绩下滑，大客户流失，回头客少。这样的推销员没有真正从客户的角度看问题，只站在自己的角度。为了眼前业绩，他有什么产品就给客户推销什么产品，而不是客户需要什么产品，就给他匹配什么产品。这样的方式客户很不喜欢，因为他未必买到的是他想要的，而且下次不会再来了，因为他已经对销售员比较反感了，这导致了很多客户的流失而不自知。

我们每个人都是消费者，以消费者的角度回想一下，如果一家店经常强制性推销，就会导致我们以后不来这家店了。对于企业家来说，其实是他培训了自己的团队赶走了自己的大客户，但是他却不自知。只是觉得自己的产品、服务流程等方面都没有问题，完全不知道问题出在哪里。对于销售人员来讲，每天强制性地给客户灌输这些话术，套路满满的过程中他自己也很疲惫，因为他找不到内心的原动力。强压式的销售两三年之后，销售人员也会疲惫和茫然。当然，培训技巧也很重要，这是扎马步，属于基本功，但是如果仅有技巧，没有内在力量支撑，时间长了销售人员心力交瘁，公司的大客户也会不断流失。技巧和话术只是外在的力量，如果不了解客户需求，没有站在客户的角度了解问题，就最终难以留住客户。

很多时候，销售员不出业绩，不是不够努力，而是有没有用心工作。或者说，不是他们不努力，而是他们的努力选错了方向。

与客户交流时，可以努力从客户身上找到缺点，然后努力宣扬自己的产品或项目，他们也可以努力站在客户的角度去真正解决客户的问题。两者都是努力，前者所消耗的能量远远超过后者，效果又如何呢？

努力是有方向的，当方向错了的时候，我们只是在努力地让自己的世界沉沦。我们要做的，不仅是努力工作，更应用心工作，站在客户的角度去与客户沟通，才能心心相通、心心相印，你心即我心。

第二节 话术和技巧只是外在力量

职场中的我们，几乎人人都上过有关销售的培训课。那些销售中的技巧和话术，很多人闭上眼睛就会浮现出来。例如，销售技巧里的二选一成交法、只限今日成交法、以退为进成交法、何必麻烦成交法，等等。而话术呢，除了针对本公司产品的具体说明，还有N多公式一般可以套用在各行各业的话术。例如，如果客户说："我没时间！"那么推销员应该说："我理解，没有人会觉得时间够用的，不过只要3分钟，你就会相信，这是个对你绝对重要的议题……"如果客户说："我没兴趣。"那么推销员就应该说："是，我完全理解，对一个谈不上相信或者手上没有什么资料的事情，你当然不可能立刻产生兴趣，有疑虑、有问题是十分合理自然的，让我为你上门解说一下吧，星期几合适呢……"类似这样的销售培训,很多做过销售的人都耳熟能详,也一定在培训的那时那刻把这些技巧或者话术记录到笔记本上,培训之后当"武林秘籍"烂背于心的场景历历在目。

培训过程中给出的技巧和话术,在一定程度上也是有用的,但是受训者只是把这些技巧、话术背下来,成为培训老师的"复读机",自然无法超越培训老师。或者说培训老师只是"授之以鱼",却没有"授之以渔"。这些方法在当下会很受用,也是结合消费者的心理研究出的销售良策,但是如果没有内在力量的支撑,仅仅依靠技巧这些外在力量,那肯定是不能让业绩长久提升的。而且,这些技巧和话术都已经比较老套,很多消费者经过这么多年的"耳濡目染",已经对这些技巧比较熟稔,早已失去耐心。在他们心中这些技巧已经成为"套路",是一种手段,已经没有效果了。所以,放在很多年前销售者运用话术"请君入瓮"的自信,也有很大一部分已经在现实面前溃不成军了。

销售技巧就像菜刀,能切菜也能杀人,关键是怎么用。如果总是琢磨着如何将梳子卖给和尚,将拐杖与轮椅卖给健全人,无论是对公司还是对个人,必将留下无穷隐患。如果我们能做到智慧、正直、专业,忘掉所谓的技巧,时刻想着客户与公司的利益,始终站在客户的角度去思考,无论是你的公司还是你个人，都将会顺风顺水。

如果一个企业天天让团队背东西，员工会很辛苦，上学的时候天天背，上班了还要天天背。天天背东西的企业幸福感很差，流动性很大，企业无法赋予团队能量，而是在消耗每个人的能量。知识是你能听见的，但转身你依然是你。

真正好的培训，不是教给大家一些现成的东西，让我们记下来背过，让大家齐刷刷学会同样的内容，而是把每个人无限的潜力挖掘出来，把我们的心打开，发挥我们内在的能量，这才是最重要的。好的培训课程让大家都有不同的收获，而不是老师讲了什么，告诉我们什么道理，我们就有什么收获。因为我们所知道的地图不是实际的疆域，它还有着更多的可能。人更是如此，不能有人给我们画个框，跟我们说这就是你的能力，这就是销售模式，学好了这些就是你的东西，你就能在成交中顺顺利利。其实我们每个人在成交的过程中，都在开发自己的内在，开发自己的潜力。要知道我们每个人都是不一样的，每个人都有自己更广阔的空间，而不是别人告诉我们的那一点。有很多真实的故事告诉了我们每个人都拥有一个"小宇宙"，只要突破了外界给予的种种限制，就会发挥出自己隐藏的潜能，做出引人注目的成绩。

每年，澳大利亚都会举行一场悉尼至墨尔本的耐力长跑，全程875公里，被认为是世界上赛程最长、最严酷的超级马拉松。这项漫长、严酷的赛跑耗时五天，参赛者通常都是受过特殊训练的世界级选手。这些选手大多不到三十岁，全副武装着最昂贵的赞助训练装备和跑鞋。谁也没有想到1983年的耐力长跑赛上却被一个61岁的选手——克里夫·杨赢得了冠军，而且这个选手从来没有经过专业训练，而且是穿着条工装裤，跑鞋外面套了双橡胶靴跑完全程的。

他夺冠的原因并不是他跑得多快，而是他不知道这个比赛当中允许睡觉。所有专业选手都遵循了这样的"定律"：为了拼完这场耗时5天的比赛，你得跑18小时，休息6小时。如今，悉尼至墨尔本马拉松赛中几乎没有人睡觉了。要赢得这场比赛，必须像克里夫·杨那样，日夜不停地奔跑。人生的马拉松赛何尝不是如此，要想跑赢也正需要克里夫·杨的精神——打破常规、拼搏不息。

我们都认为在脑海中约定俗成或者广为传颂的东西都是真理，我们都是根据这些真理来行事。事实上，我们所认为的真理未必是真理，事实上他们也未必对我们有利。我们常常以别人告诉我们的真理去作为唯一标准，去遵守、去模范，却不想自己去开拓去发现属于自己的"真理"。慢慢地整个世界都在复制，说起销售很多都是千篇一律的技巧。而正是这千篇一律禁锢了一个人的思维，限制了真正的才能。所以，我们要时刻提醒自己——地图不是实际的疆域，每个人都是一座巨大的宝藏，而不是模仿的机器。很多事情，人们总是习惯性从自己的角度去看问题，而不愿意去考虑对方目前的处境，去站在对方的角度去思考。佛教里有一句话是"初念浅，转念深"，第一个反应对事物的理解通常比较肤浅，也容易造成误会，但是只要能够转念，脑海里就会为对方寻找可能的理由，如此原本觉得愤怒的事，我们一转念，心就宽了，愤怒也就消失了，很多不必要的纷争就不会发生。所以在生活中，我们要学会时常"转念"。

说到成交，有人说我们为了做业绩、为了做销售才学的成交。其实，成交在人生当中无时无刻不存在。比如，我们在清晨起床的时候，是不是在成交自己？在成交自己起床的过程中，也会成交失败，成交失败之后，继续成交，然后又失败，继续成交。直到成交成功，起床为止。就拿工作来说，每一个岗位其实都是在做销售，每一个职场人都需要学销售。即使你不需要向客户卖公司的产品，你也要向上司卖自己的方案，向下属卖自己的计划，向同事卖自己的想法，向协同部门卖自己所做的项目……每个人都需要别人，也被别人需要着，每个人都是"自己"这家公司最大的销售员，无时无刻不在成交和被成交中度过。生活中我们也缺少不了成交，和你的孩子沟通，和你的男女朋友或爱人的沟通，和你家人的沟通，和你朋友的沟通。成交的目的不是说服，而是思想达成一致，让彼此的关系更加和谐。所以说，我们要打开思维，不要以为只有在销售中才需要成交，其实我们在生活和工作中的成交也是无处不在的。如果我们把成交变成我们生命中不可或缺的一个部分，成交就不再是一种我们做销售的时候才拿出来的武器，而是把它当成一种能够让工作和生活都变得更好的能量。

如果说技巧、话术、说服力以及背诵产品说明书是做销售的基本功，如同练武术中的打桩、蹲马步一样，那么"全员成交思维"就是武术中的精髓，真正打通我们的任督二脉，让我们体会到成交的精髓，并让这精髓跟我们的生命结为一体。我们看武侠片的时候，经常会看到有人练了很多年的武功，突然有个大师打通了他的任督二脉,他的武功就有了质的飞跃。但是每个销售人员的任督二脉不是培训师来打通,而是大家自己来激发自己的内在力量。关于销售技巧、销售话术、说服力这些外在的力量大家已经学得够多了,而且用到一定的程度了,所以解决我们的内在问题才是"全员成交思维"孜孜以求的。可以说,内在的问题解决了,一切问题也就迎刃而解,烟消云散了。如果说"心念"是1,技巧就是0。世间万象,一切皆由心起,境由心造。

可以说,"全员成交思维"讲得最多的是心法。掌握了心法,再把我们过去所学的技法,也就是营销话术、说服力进行有效的结合,最后就会取得一个有效的结果。在整个成交过程中,如果销售者是沉浸在话术和技巧当中,忽略客户的感受,销售者就拿不到想要的结果。在销售中,一切价值都是心性的显现,只要把心修炼好了,你的销售能力自然就提高了。有时候没有技巧就是最好的技巧,因为去掉那些表面浮华的技巧性的东西,你更能用心去跟客户沟通。这里的没有技巧,不是说不需要学习任何技巧,而是掌握好所有有用的技巧背后真正的实质,并总结出一套适合自己的"技巧",这"技巧"因为是真心流露,所以"羚羊挂角,无迹可寻",从而更容易打动客户。要相信,这个世界上，没有不好沟通的人，只是你没有用心，去摸索到跟他进行沟通的方法。信念加行动等于结果。所以树立信念和积极行动同样重要。力量在你之内，不要把自己丢了。

第三节　客户不是敌人

我们不要客户一来，就进入一个备战的状态。客户不是敌人，客户更不是用来让我们谈判的，我们不要在客户面前去当披着羊皮的狼。不同职务一轮一轮的上阵，让客户的感受非常不好。其实我们完全可以换一种方式，换位思考。我们来考虑一下，我们讨厌什么样的销售方式。我们一来销售人员就直接给我们卖产品，是不是很讨厌？遇到这种情况我们什么感觉：不想买、心很烦、想走。其实我们的客户也是如此。

我们每个人总是希望别人对自己好，对自己积极，其实别人对待你的方式可以说是你对自己和他人态度的一种反射。假如你希望别人对你好，对你积极，那么你一定要对他们有积极的态度。请记住，当你变成一个更好的人，你周边的人也会变得更好。

我现在是三家美容院的会员，作为一个客户的身份，我来跟你们讲一下我的亲身经历：到美容院我会做一些项目，如做基础护理、做一些提升、补充一些胶原蛋白。第一次我在这个店里办了一个卡，刷卡的时候我跟店长讲，我不需要你们为我推荐产品，因为我工作特别忙，我来到这里就是为了休息好，自然也会消费，我不消费我不会来这里，所以你不需要给我推销。你店里所有的东西都不需要给我推销，我有什么需求我会问你们店内的工作人员。我去的前两次美容师的确没有跟我推销，第三次，顾问"提着刀"来了，进来之后就开始劝我买产品。我想她也不容易，进来以后说了这么久，那我就买吧。买完之后，她看我挺大方的，下一次又"提刀"来了，又开始跟我推销，推销完之后，我又买了，我心里面跟自己说再一再二不能再三再四。到了第三次，她还跟我推销，我就说："我今天有急事儿，今天的项目就先不做了。"说完起身就走了。但是她不知道我对她不满意，还认为我是一个特别好说话的客户。其实我已经很不爽，之前已经和你说过我的需求，你没有用心了解，现在我不说，因为我怕对方面子上过不去。我只是说我今天就先不买了，我家里还有事情，或者是某一些其他原因拒绝

第一章 地图不是实际的疆域

你。试想如果客户来到我们的公司，我们的店面，他感受到的不是一种享受，而是销售人员在孜孜不倦地向他推销，他的感受会是如何？站在客户的角度去想象，我们在购买东西的时候，对方一直在身边推销，是不是让人心烦。所以站在客户的角度去考虑，如果我们只是给他推销东西，客户的感受百分之百是不好的。他不讲，你以为客户就不知道，其实他们心里什么都明白。

对于一个产品来说，产品好，那一定是有需求的。用户有需要，如果卖不出去，那就是销售方法或者技巧方面等其他方面的原因。但是，如果用户没有需求的话，而把一个产品强制推荐给别人，那注定是一次性的生意，干不长久，像我亲身经历的状况和身边的人沟通有很多雷同的，这些商家都因此失去了客户而不自知。

第四节　别成为自己讨厌的样子

很多人都有过这样的经历：当你逛商场的时候，常常被身边形影不离的售货员，紧随其后的推销手段感到烦恼不已，很多时候，明明不想买，店员却还是拿着商品不停地向你介绍。

不可否认，许多销售人员常常会犯下这样一个致命错误，那就是不厌其烦地跟客户讲解自己的商品有多么的好，或是对方有多么需要这项服务，虽说这么做，极力证明了你的敬业精神和责任心，但是从另一方面来看，此举势必会引发客户的反弹心理。如果换作是你的话，很可能心里早就在冒火了：这东西，我一点也不需要，你就别在我面前唠唠叨叨了。

其实，每位客户只要一走进一个商家，或是上门寻求服务，或多或少都有需要被协助的地方。只不过人性就是如此，如果对方一直以强迫的方式推销某件商品或是某项服务，一再告诉你这种东西的好处，人们反而会滋生强烈的抗拒情绪。

然而，优秀的销售人员则是绝对不会从自己口中强加任何需求到对方身上的。相反，他们会通过循循善诱的影响力，让客户发觉自己需要这件商品或是这项服务。直到最后，当客户承认这件商品或是这项服务可以改善他们的人生或是给他们带来便利的时候，才会自然而然地产生购买的欲望。其实，成交这件事情并没有那么复杂，不过就是借着对话的引导，让客户说出自己的欠缺，当他们觉得自己需要买一件商品时，自然就会尊重你的专业意见了。

为人处世方面，有这么一句耳熟能详的话："想要别人怎样对待你，你就怎样去对待人。"用在销售行业，同样有意义，"想要别人用什么态度向你推销产品，你就用什么态度向别人推销。"这就是我们要说的"销售黄金法则"。

不是说，不同个性与人格的客户需要用不同的销售技巧和方式吗？没错。但是销售黄金法则的意义仅在于，如果你希望别人用诚实、真诚、了解、富有同理心和体贴的态度来卖产品给你，那么，你也要用同样的态度去卖东西给别人。

如果你希望一个销售人员事先充分了解你和你的处境，然后提出建议，你就要对你的客户做出同样的事情。如果你希望一个销售人员给你提供诚实的资讯，帮助你做出明智的购买决定，你也要同样地对待你的客户。如果你希望一位销售人员能够充分了解他自己及竞争产品服务及其优缺点，那么你对你的产品服务及竞争者也要了如指掌。

不难看出，这个法则最重要的部分，就是"关怀"。但凡顶尖的销售专业人员无不非常关怀他们的客户，关怀自己公司，以及产品和服务，而且他们真心地关怀如何帮助客户做出最好的购买决定。事实上，只有真心关怀客户的人，才会花时间和精力充分了解公司的产品，以及如何利用公司的资源来满足客户的需要。只有真心关心自己产品及服务的人，才会从各种角度去准备，以便在时机来临时提出最好的建议。

如果销售就是一场心理博弈战，如果你想成功地卖出产品，就必须读懂客户内心和了解客户需求，这样才能立于不败之地。真正的营销，不用套路、不用技巧，但是业绩是翻倍的。如果仅仅背诵话术，这个话术可能是人家十年之前给团队培训用的话术，你现在用这个话术来成交肯定不行。不要让客户感觉，你说的话满满都是"套路"。因此，不要沉浸在你们自己的技巧、话术之中。不要去给客户背说明书，不要在客户面前做披着羊皮的狼，也不要成为自己讨厌的样子，凭什么你讨厌销售人员向你推销，你却要在客户面前这样做？

　　认识到了这一点，我们所有人都有机会转变。我们要从我喜欢钱、我要钱、我要成交转变成我要成就更多人。要知道，真正的成交不是成交，而是成就人、度人。佛教里把成就人叫度人，官方的话就是通过自己的付出，让对方变得更好，这个就是成就人。要想成就人首先我们要具备成就人的能力，要有专业的知识、专业的能力去成就他。何为度人，度人是把人从烦恼的此岸引领到清净的彼岸。这个是佛学的释义。度人也是一样的，要想度人，首先要自渡，自渡之后才能用清净的心，影响他人，才能实现度人的愿望。我们为什么会在讲成交的过程中讲这样的一个概念，因为成交中，我们不是在成交，我们是在成就人和度人。当你成就别人，赚钱只是顺带的事情。

　　成交其实就是让人离苦得乐。因为人类所有的行为动机要么是出于爱，要么是出于怕。所以我们的成交要么是让他对这件事更加喜爱，要么是让他逃离恐惧。我们成交客户都源于对客户的爱。当我们的成交客户源于他对美好事物的追求，那我们就是在成就人；如果我们成交客户是让他脱离恐惧，那我们就是在度人。这一生你能成就多少人，你就能成就怎样的事业。

第二章
了解你的客户

第一节　换上客户的脑袋

我们来做一个测试。百元大钞大家了解吗？很多人都会说非常了解，因为我们天天接触，可是让你回想一下，百元大钞这个背面是什么图案？大部分人应该记忆模糊，那么50元、20元、10元背面又分别是什么图案呢？

你会发现，很多人认为如此地了解它，但是我们却不知道它背面究竟是什么图案。所以我们对此算不上了解，只能算是熟悉。客户也是一样。大部分销售人员根本不了解你的客户，又怎么可能知道客户的需求是什么。你连客户需求都不知道，那你就是在推销你的产品。这时候你就容易产生销售恐惧和纠结心理。成交就是要先发现客户的需求，了解客户的需求，理解客户的需求，最后是满足客户的需求。首先是发现需求。在古代，我们说士为知己者死，女为悦己者容，女人是为了了解、理解自己的人而打扮的，而当今社会的女性更多的是为了自己而打扮，让自己心情好。这就是一个时代的变化和心态的转变。当我们对人性有一个基本的了解，就会发现，一个人哭并不一定是伤心，有可能是喜极而泣。我们对一个人的了解不能只看表象去了解。比如说，我做家务的效率非常高，某天做了一大桌子的菜，别人基本用3个小时而我只用1.5个小时。然后是打扫房间，这个房间打扫完别人需要8个小时，可是我用三四个小时就打扫得干干净净。你们对我的认识可能会说郑老师非常勤劳。可是事实真相是，我是超级无敌懒。懒到一年有可能只做这一顿饭，一年可能就打扫这一次卫生。为什么我的效率这么高呢，因为我很懒，所以我用最短的时间把事情干完，然后我就可以休息。我的工作效率很高，你们就认为我很勤劳，那个就是表象。真相是我懒，我想早点休息，所以用最有效率的方式完成工作，就有足够的时间去休息。所以我们跟客户聊天不要只看表象。他展现出来的未必是他自己最真实的需求。你不知道他最真实的需求，你就得不到你想要的结果。

  你会发现，客户去买单的理由是千奇百怪的，不是当下我们所定义的那样。未必和产品本身有关，有可能就是感觉好，有可能就是信你，有可能就是产品不错，有可能就是喜欢包装……所以我们要明白客户买单的真正目的，消费者中什么样的奇葩都有，我就是一个奇葩。比如，我去一家火锅店吃饭，我本来是非常喜欢吃这家的火锅，但是我一进店，工作人员说今天开业，微信关注一下他们的公众号可以打三折。我关注之后，他们又说分享到朋友圈才可以打三折，我听了之后就不干了，就不吃这个火锅了。我愿意为这家店的火锅买单因为我喜欢这个味道，即使不打折我也会吃，而不会为了价格低廉而做出不尊重自己内心的事情。如果这家店在宣传上了解客户的需求和心理，设置上"发了朋友圈三折，关注账号五折，开业当天八折"这种选择，首先不会失去这个准客户，你的出发点只是为了满足自己，而不是关注客户，注定流失客户。

人所有的需求都抛开不了人性需求。人性的需求分两种，物质和精神。物质需求已经基本跟上，人们大多的需求是表现在精神需求上。人的精神需求是什么，那就是希望被尊重、被认同、被赞美。

让我们看看那些优秀的销售人员，他们无不把销售陈述的重点放在客户需求上，即购买他们的产品或服务对于客户需求的满足，能给客户带来喜悦感和满足感。顶尖的销售人员，能够做到比客户更了解客户需求。通过客户言谈举止的表象，深入挖掘到他心灵深处上的渴求与需要，而这个需求可能是客户自己都没有意识到的。相反，业绩平平的销售人员却把重点放在他的产品或服务是如何工作的、如何开发的、在市场上和竞争对手相比是怎样的等方面。

其实，客户购买的是他们预期使用这种产品或服务的结果，购买产品，是购买他们关于某些问题的解决方案；购买服务，是购买帮助他们解决问题的方法。在客户眼里，他们并不是购买你产品或服务的具体特性，而是购买他们预期的你的产品或服务的这些特性对他们需求的满足，以及带给他们的享受和改善。

举个例子，人们购买保险并不是保险本身，而是保险带给他们安全的感觉，如果他们不幸遭遇不测，他们所爱的人就能得到一些合理的补偿；人们买电脑买的也不是电脑，而是一种提高的效率，帮助他们更快、更准确、成本更低地处理完工作；人们买车买的也不是汽车本身，而是一种可信赖的、有吸引力的交通工具，以便在他们需要时可以随心所欲地把他们带到任何想要去的地方。

从这个意义上说，你的产品或服务本身是没有任何情感价值的，潜在客户的需求才是他们决定购买的决定因素。这种对后果的预期和对需求的满足,才会最终激励客户去购买。

俗话说,要想钓到鱼,就要像鱼那样思考,而不要像渔夫那样思考。一个销售人员,想要提高自己的销售业绩,就必须学会站在客户的角度思考问题。美国汽车大王说过这样一句话:"成功是没有秘诀的,如果非要说有的话,那就是时刻站在对方的立场上。"多为他人着想,多了解他人的想法,不仅仅有益于你和别人沟通,更重要的是你借此还能知道别人的"要害点",从而做到有的放矢。学会时时站在客户的角度上看问题,沟通的顺利程度将远远超出你的想象。

那些优秀的销售人员无不擅长观察客户的所需所想,进而采取适当的应对措施,最终激发了客户的潜在购买欲望。因为他们非常清楚一点——客户的心理活动,哪怕是极其微妙的心理变化,也会对成交的数量甚至交易的成败产生至关重要的影响。总之,要使客户与你合作,就要学会站在客户的立场,掌握客户的真实动向,了解客户的真实需求,从而成功完成推销。

美国一项调查表明,通常那些超级销售员的业绩是一般销售员业绩的300倍。在众多的企业里,80%的业绩是由20%的销售员创造出来的,而这20%的人也并不一定就是俊男靓女,也并不一定都能言善辩,唯一相同的就是他们都拥有迈向成功的方法，尽管他们那些方法不可能完全相同，但却有其共同之处，那就是洞悉客户的心理和需求。

　　由此可见，在销售过程中，你不要觉得研究客户的心理是在浪费你的时间，其实研究他们购买的流程、动机和原因，比那些费尽口舌却不讨好的推销方法要有效得多。而作为一名销售人员，你只有掌握了客户的心理和需求，换上客户的脑袋去思考，你才能在迅速变化的市场中占有一席之地。

第二节　卖什么也别卖东西

上一节，我们讲到了要换上客户的脑子进行思考，满足客户的需求，那么，又该如何与客户的"心"直接对话，了解客户的真正需求呢？如果销售者的销售陈述对潜在客户的情感需求或者潜意识的需求有很大的吸引力，那么这个销售就会很成功，一方面可能是因为销售者自身在这方面就很有技巧，另一方面也可能是因为客户自己得出了结论，销售者的产品或服务能满足他们最主要的情感需求。但是无论哪一种情况，客户之所以购买销售者的产品或服务，都是因为他们认为这个购买满足了他们真实的需求。正如哈佛大学教授，营销学界的元老特德·莱维特指出："没有商品这样东西。客户真正购买的不是商品，而是解决问题的办法。"这样的客户才会成为企业的忠诚拥护者。

要了解客户的真正需求，就要将专注的目标从"我"改成"你"，换成客户的脑子去思考。当我们将客户的需求放在自己的需求之前，也许首次的交易量会较小，但是你交了一位新朋友——一个下一次还会记得你的新朋友，而且他下一次会向他的朋友介绍你和你的公司。反之，那些将客户的利益置于自己的利益之前无异于是开倒车，如此做的后果甚至让自己的销售变成了一次性的销售。

举例来说，当一位父亲走进你的商店，为他六岁大的儿子买第一辆脚踏车时，你或许会想他在找什么？他需要什么？他要一辆脚踏车吗？不，他在寻求一生中最幸福的一个分享经验——教他的儿子学骑车，正像自己的父亲在他年少时教他骑车一样。这位父亲其实是在找寻一个他与儿子可以怀念一生的美丽回忆。

这么说，是不是意味着你要卖给这个父亲和儿子店中最高级、利润最大的脚踏车？也许这是你解决客户问题的答案，但你一定要告诉这个父亲，你看过数以百计的父亲走进店里替他们的小孩买第一辆脚踏车，而且你知道他和小孩将共同拥有这段美好的回忆，然而，一辆价格更为优惠的车型可能更适合他的小孩。这是小孩的第一辆脚踏车，他很可能会撞到什么，所以不用买太高级的车型。于是，你达成了交易，并且成为这个父亲值得信赖的顾问和朋友。在接下来的几年内，这位父亲的儿子可能还会需要一辆新的脚踏车，你想他会到哪里去买？如果有一天家里的小男孩长大了，他也许需要替他的儿子买一辆脚踏车，你想他会去哪里买？

所以，我们销售人员可以提供给客户及所接触的每个人，远超出你所能了解的更深、更有意义、更有报酬的价值。如果你专注于满足客户真正的需求，提供价值及顾问服务，你将会赢得许多潜在的客户、上司、同事及朋友，而他们也会以意想不到的方式回报你。

在销售过程中，首先要关注客户的需求，这比其他任何事情都重要。时刻倾听客户的声音，不仅要懂得如何了解客户的需求，更要懂得如何最好地满足客户的需求。在销售活动中，很多销售员常常犯这样的错误：只要看见顾客，就恨不得紧紧黏住对方，进行一番推销，却很少关心顾客的潜在需求。实际上，这种功利化、程序化的销售行为是以自我为中心、疏忽顾客的真实感受，效果自然不会太好。

有这样一个保健品销售员，见到顾客总是说："您好，我是××公司的销售代表，这是我们公司新代理的产品，价格很实惠，效果非常好！"

"对不起，我们不需要这种东西。"顾客说。

"您有时间听我讲一下产品特点吗？"销售人员"锲而不舍"。

"我现在很忙，没有时间看你的东西！"顾客断然拒绝。

相信这是我们在现实生活中经常遇到的镜头。有的销售员一开始就像背诵课文一样介绍产品的相关信息，但这并不是与顾客保持互动沟通的最佳途径。

实现与客户互动的关键，首先是要找到彼此之间的共同话题，这就要求销售人员从关心客户的需求入手。如果销售人员不关注客户需求，即使把产品说得天花乱坠也无济于事。我们再来看看另一组镜头：

> 小杨是某保健品公司的销售员，当她进入一个住宅小区推销时，看到小区长椅上坐着一位孕妇和一位老太太，她走到保安那里假装不经意地问："那好像是一对母女吧？她们长得可真像。"
>
> 小区保安说："就是一对母女，女儿就要生孩子了，母亲从老家来照顾她。"
>
> 小杨随后来到绿地旁，亲切地提醒那位孕妇："现

在外面有点凉,不要在椅子上坐的时间太长了,您可能没什么感觉,等到以后就会感觉不舒服了,我是过来人啊。"

然后小杨又转向那位老太太:"现在的年轻人不太讲究这些,有您在身边,多些提醒和照顾就好多了。"

当她们把话题从怀孕和生产后的注意事项讲到产后恢复,再讲到老年人要注意身体、补充营养时,小杨已经和那对母女谈得十分开心了。接下来,那对母女已经开始看小杨手中的产品资料和样品了。

在确定了客户的需求之后,虽然销售员可以针对这些需求与客户进行交流,但是还达不到销售沟通的目的,这就需要销售人员巧妙地将话题从客户需求转到销售沟通的核心问题上,就如案例中这样的推销,哪有不成功的?

正所谓"知己知彼,百战不殆",说的就是这个意思。光"知己"是不行的,更重要的是"知彼",只有掌握住了顾客的真实需求,才能更有针对性地进行销售,你所介绍的产品才能真正打动消费者,增加购买的机会。

在确认顾客的需求以后,我们就应该用产品的特征和利益来满足顾客的需求。销售人员最大的贡献是满足顾客的特定需求或帮助顾客获得最大的满足，销售人员带给顾客的利益越多，顾客就能得到越大的满足。

我们先看一个故事：第二次世界大战时，美国军方推出了一个保险计划：每个士兵每月交10美元投保，如果他牺牲了，他的家属将得到1万美元的赔偿。一位连长把全连的战士召集在一起，向大家介绍了这种保险，他认为士兵们一定会购买，然而没有一个士兵来认购。这时，一个老年中士对连长说："让我试试吧。"

连长想连自己都说服不了，你能说服大家吗？但还是同意了。于是，中士站起来对大家说："弟兄们，我所理解的保险计划是这个意思——大家将会被派到前线去，如果你投保了，要是在前线牺牲了，你的家属将得到1万美元的赔偿。如果你没有投保，你牺牲后，就算白死了，政府不会赔偿你一分钱。请大家想一想，国家会先派战死后需要赔偿1万美元的士兵上前线，还是先派战死也白死的士兵上前线？"结果，全连士兵纷纷投保。

为什么士兵对连长与中士的介绍，会做出不一样的反应？因为中士站在士兵的立场向大家阐述了投保的好处，用保险能给每个士兵带来的利益吸引住了大家，从而激发了士兵购买保险的欲望。

同样的道理，客户在选择购买产品时，也是基于产品能带来某种利益。营销界有句俚语："在工厂，我们生产化妆品；在商店，我们出售希望。"的确，销售人员的职责就是把公司的产品和服务转化成顾客的利益。比如，我们购买电视，是因为我们可以经常收看电视节目、消遣、娱乐和学习；我们购买寿险，是因为我们相信购买寿险可以为家人提供安全保障……如果客户并不知道产品对自己有什么用，一般是不会产生购买欲望与兴趣的。

对于任何一位优秀的销售人员来讲，你的职责就是用适合客户需求的产品特性和益处，进行有针对性的陈述，从而使顾客接受产品的技能。比如，航空公司就要说清楚乘坐本公司的航班可享受到的商务服务。卖楼盘就要根据客户信息选择适合买楼人特点的楼盘，如距离夫妻俩工作地点近、附近有适合孩子的学校等，不仅仅了解房子，更要为客户着想。如果我们介绍产品时能更多落在产品能给客户带来的好处和利益上，相信一定会激发客户的购买欲望，并促成成交。

第三节　成交高手不成交产品 而是满足需求

所有的行业都是人性的行业，你只要掌握了人性的核心，你就知道，卖产品只是顺便的事情，成交的高手从来不成交产品，而是帮助客户解决需求。

真正的成交高手，不是在卖产品。

我们不是卖产品，我们是解决客户的需求。解决客户的需求是核心，卖产品不是核心。任何产品没有高低贵贱之分，只有需求不同。比如，自行车与奔驰都是交通工具。如果今天我要去爬山，有一些山路，需要你们帮我准备工具。结果你们帮我准备奔驰汽车，我上得了山吗？肯定不行，不仅帮不到我，还成了负担。如果你们给我一辆自行车，有坡的地方我推一推，山路我骑一骑，自行车是我当下最重要的交通工具。不能因为奔驰贵就说它实用，自行车便宜就说它不实用。这是需要放在一定的环境下进行判断的，否则就没有可比性，必须跟客户当下的需求联系起来。

这对于产品来说也是一样的，你跟客户的沟通也是一样的。不能单纯依据产品功能来定位产品适合谁用，不适合谁用。你要站在客户的角度看"客户的需求"，这才是你的出发点。以客户的需求为标准来判定项目是否符合。

推销工作98%是情感工作，2%是对产品的了解。美国财富杂志在一篇文章中也提道："高超的推销术主要是感情问题。"

消费者的消费可以划分成三个渐进阶段：量的消费阶段、质的消费阶段、感性消费阶段。我们把消费者的需求再提升阶段，就是消费者对服务的需求阶段，顺带卖产品。也就是本节标题中的含义，满足客户的需求，顺带卖产品。

感人心者，莫先乎情。

既要实现功能性利益，也不能忽视情感性利益，二者达成和谐统一，是销售的最高境界。每个顾客都希望其购买的产品质量好、安全可靠、性能稳定、经久耐用，但如果厂商在这些方面无法确保，即使提供了良好的服务，还是无法赢得消费者的青睐。

营销是一个体系，贯穿于生产、销售、售后服务的整个过程。市场竞争终归是顾客之争，无论是哪个行业，让你的服务和产品与情感挂钩，使消费者信任你、满意你，你就能够成为市场的成功者。当我们向顾客推销时，最大的挑战不仅仅是销售出一种较好的产品，更是提供周到、贴心、全面的服务，同时也分享到一种情感，可以使客户和企业成为朋友，从而能长期地合作下去。

怎样达到服务的"周到、贴心、全面"呢？就要走进客户的心里，了解他的需求。要100%站在客户的角度，真正走进对方的世界，深入了解对方的内心对话。这个过程中没有营销，只有人性。营销的不是产品，也不是服务，更不是品牌，是人心，是人性，是情感。

营销就是打破对方的平衡，让对方意识到问题的严重性。

在你的领域，客户是没有能力知道自己想要什么的，所以要走进对方心里，帮他认识问题，找到需求。每个客户都希望有一个商家能垄断、接管他的某一个方面的生活一辈子，因为客户没有安全感。这个安全感就需要你用你的业务能力、销售技巧对产品的了解与介绍来完成，当然这个过程少不了你的情商，也就是真心沟通的保驾护航。

随着物质生活的丰富，在消费中消费者更加追求愉悦的享受。必须在传统的服务之外，通过刺激消费者的感官，促使消费者在消费的同时经历愉悦的体验。拿美容行业来说，客户在享受面部、身体的放松和美容的同时，最好可以身心放松，这就要通过沟通和交流来完成实现。

消费者在选购商品的过程中，对于满足实际需要的产品和服务会产生积极的情绪，而符合自己独特的情感的产品，消费者会产生依恋的情结，这种情结更能增强消费者的购买欲望，促进购买行为发生。作为推销员的你一定得敏感，要抓住这一情结并充分利用。满足客户的依赖情结这一需求，就是成交的机会。

成交的最终目的就是客户需求的达成，客户需求的达成就是你的业绩的达成。

第四节　成交的最高境界是聊天

很多人说：以前的产品销售也跟客户聊天，不过都是站在"我"的角度来聊，以"卖产品"为目的。以谁的角度来聊天，没有对错。时代发展至今，聊天的角度需要转变，跟上时代的步伐，否则销售会越来越难做，你做得也会越来越累。

找对了方向，"人心"对了，做事情就顺利了。卖产品就是顺便的事情，钱也会随之而来的。这时候你收获的不只是物质，更多的是朋友、圈子和正能量。"单纯为了钱"地去努力，你每天会很累。

做业务都想做业绩，做业绩都想做高。靠技巧、靠话术、靠背说明书，太过机械化、流程化、没有情感、没有温度，并不会有助于沟通和交流。当你用真心去做这件事情的时候，面向顾客只需明确一点,"看对方需要什么"。

在了解客户需求的过程中,要从"客户角度"去考虑、去聊天。

我以前在跟客户聊天达成成交的过程中经常会"吵架":"你现在太需要这个了,如果你再不做这个选择,再不做这个,你的企业就死了……"这样说的时候,我的脑海中就会出现企业倒闭的情景,这时候我就会不由自主地想要落泪,内心里非常迫切地想要去帮助客户,想要帮她改变现状,必须让企业通过我们公司的培训变得更好。

我的这种"初心""真心"客户是否能够接收到?答案是"能,百分之百能。"如果你面对客户也是这种"成就他、度化他"的初心,满足他的真正需求时,客户即使当下拒绝了你,回家内心也会反思:"嗯嗯,今天小郑讲得很有道理,他是对的,确实是我所需要的。他是在为我着想。"客户当天没有合作,第二天或者下一次也会主动联系你:"上次你说的有道理,你再给我讲讲……"这种可能是有的。当然,随着自己的成熟,带着同样的初心,会让自己的言语表达的更加平和,更容易让人接受。

相反,如果你还是坚持老套路,一直在推荐、介绍产品、背说明书……这就会让客户很烦躁,甚至是反感,最终就会拒

绝。他晚上回到家的想法就不再是反思，而是："每次都是推东西，烦都烦死了。别人可不这样。"

现在各行各业，客户到哪家都一样，都是销售人员喋喋不休地销售产品。基于这样的环境，我们更应该静下心来做事情。让客户感觉到，这里是一方净土，让客户愿意来，觉得在这里即使消费也舒坦。因此，成交的关键在"初心"。

聊天的过程中很重要的一环就是要"听见"客户。因此，聊天的模式是让客户多讲，你是聆听者。如果一场沟通，你讲的是最多的，即使她买了东西，那这一单也不是满分。多让客户来讲，通过聊天，倾听她的苦恼，才能发现她的需求。发现需求之后，就进入找到需求的环节。我们要遵循需求四部曲：发现需求—了解需求—理解需求—满足需求。

真正的成交是一个愉快的聊天的过程，聊到对方的心愿，聊到对方的担忧，如何达成对方的心愿，如何去除对方的担忧。这就呼应了前面提到的"成就客户"，也就是满足客户的需求，解决客户的担忧来度化他。

因此，在聊天过程中一定要捕捉这类信息："他想达到什么""他有什么样的担忧"……你们的任务就是"让他更好"地成就他，或者"消除他的担忧度化他"。这才是一场最愉快且成功的沟通。

真正的成交没有对立方，没有买方也没有卖方。

客户到来，不要把他当成"卖"的目标，当成敌人和猎物，内心想着"怎样去捕捉他或者消灭他"，这些角色都是不对的。

有一次做培训，有个学员一站起来，眼泪都快流下来了。他说："郑老师，是这样的，我们一上班，一见到顾客，我们想的是这是一个'屠宰场'，看到顾客就像是'卸他胳膊还是卸他腿'，内心当中我们也不想这样。但是又没有办法，要做业绩又没有更好地方法。"我说："其实很简单，心变了，一切都好了。只要你的初心是对的，其他就没有问题了。记得很久以前，自己也讲过，一看到顾客，你就要想你包里怎么装着我的钱而来激励着团队，换个角度想一下，用那样的心去面对客户，客户感受到的会是什么？新客户来了，我们是要解决他们的需求的。让客户看到你觉得很舒服，看到你来了，就觉得是专家来了，这个专家可以解决他的问题。这样客户就特别愿意看到你，就可以扭转当下的销售现状。"

很多企业，只要"转念"做得好了，业绩都是飙升的。只要把客户分析好了，根据需求匹配项目的，业绩都是越做越好的。最重要的是客户很舒服，客户很爽，客户心甘情愿地接受。

真正的成交是身心合一地为对方解决问题。

这不同于过去的服务，过去的口号是"我们要爱顾客""我们要尊重顾客"……顾客一来，所有的"原子弹"上场，这不是爱，更不是尊重。你们的服务并不是发自内心的，并没有身心合一，也就没有达到自己想要的结果。

任何事情都是有自然规律的，纵观社会、自然，你就会发现所有的事情都是一个轮回。人也是有轮回的，时间也是一样的。一天 24 小时黑夜和白昼的轮回；常见的轮回还有一年四季春夏秋冬；人的一个大的轮回是关于生与死……其实我们跟客户之间是一个"爱"的轮回。成交的过程应该是一场爱的流动的过程，客户用爱回馈给你，也就顺便成就了你。成就了自己所需，度化了自己的痛苦，顺便成就了你，这就变成了一场爱的流动。销售本身就是一场爱的流动，不要把它变成一场恐惧，非常纠结，如果有这样的感觉，那就是初心不对，没有身心合一地去给顾客解决问题。

真正的成交不需要说服对方，而是让对方觉得，你在为他考虑，他的选择非常值得。聊天是一个很好的结交朋友、了解对方需求的途径。成交人心，成交人性，就离不开对人性的理解与把控。三字经开篇就写道："人之初，性本善；性相近，习相远。"《红楼梦》里说:"世事洞明皆学问,人情练达即文章。"抓住人性的特点,聊天就有了方向,就距离成交更近了一步。

但是不管人性如何,别人家销售运用套路如何,我还是认为有一条是颠扑不破的,那就是对客户有心的、真心的服务多么重要。美容服务的顾客来自不同的人群,无论哪类人群,都有固定的收入,固定的朋友圈,相互影响的作用很大。站在客户的角度,成交他的需求,只要一次就能赢得他的认可,这在日后的销售中会大有裨益。如果是女性,聊天是感情沟通和宣泄的途径,好东西要分享,跟闺蜜、好友的相处中,就会互相介绍,带客人上门。这就实现了销售的良性循环,新客户就会呈几何倍数地增加。

以上是从客户的角度分析了人性的心理,下边从销售员也就是大家的角度来分析一下你的心理状态。

第一是自卑。每个人都有不同程度的自卑感,因为我们都希望改进自己所处的环境。能够阻碍事业成功的,是对失败的畏惧,是自我的气馁和自卑情绪。基于此,营销员要克服这种心理,对于有这种心理的客户也要帮助他摆脱这种心理。这样沟通起来就会事半功倍。

第二是恐惧。恐惧、害怕是人类和人性最大的弱点。害怕

贫穷、害怕失败、害怕不认同、害怕孤独、害怕失去，等等。恐惧是成长的最大敌人，在恐惧中人们怯懦不前、不敢放手一搏。学会坦然面对恐惧，与内心沟通，一切自然就能拨云见日。

与人沟通是一门学问，学会沟通、学会用心倾听是一辈子的功课。这门功课学好了，其他的就简单了。可以轻而易举地知道客户的苦恼，了解客户的话外之音，让客户舒服地听你的推荐，解决他的忧愁，完成你成就他和度化他的心理。

第三章
大慈者无畏

第一节　心对了，人就对了

我们再来看两个关键词：现实和理想。我们还是以美容行业为例。美容行业是一个让人追求美丽过程的行业。美丽没有彼岸，再漂亮的人，也觉得我应该变得更漂亮。范冰冰很漂亮，她想变得更漂亮；巩俐很漂亮，她也想变得更加漂亮。她们不断追求变得更美，这个追求的过程是美丽的。我们在商场买衣服，在现场试的时候，觉得非常美，但是连续穿一个月，就不会觉得美了。人性就是这样的，女人好美，孩子好玩，这就是人的天性。客户来美容院想要达到的是一个追求美丽的过程，没有答案，没有结果，因为美丽没有彼岸。所以，我们不能因为自己的想法就断定这个客户已经达到了美丽的巅峰，不需要再追求变美了。

有句话叫作：知彼知己，百战不殆。今天我们讲的是知彼知己，是说我们要站在客户的角度了解客户的需求，帮他制订方案。过去我们是根据企业经营的产品项目，根据产品的功能销售给客户。我们以后要根据客户的需求来匹配项目，同样是做成交，这样就提高了一个段位。以美容院为例，客户来到美容院就是为了变漂亮，就是来消费的。所以，我们不要用自己的概念去评价，觉得她已经消费了多少钱了，似乎不能再消费了，其实，这是在用我们自己的善良去阻碍客户追求美的过程。我们不能用自己狭隘的思维去断定客户的需求。如果你是这样的心理，那就是成交的初心不对。如果你的初心是赚客户钱，你就会有恐惧，就会有纠结，因为你的初心不是去成就她，去度她的心。原本她可以上岸，你把钱收下了，却让她在河里自己挣扎。谁都想让自己变得漂亮，变得青春，可是如果你妄图用自己的判断去阻止客户追求这个过程，用你武断的想法去判断她不应该再继续花钱了，那是你的初心不对，你凭什么用你的发心去阻碍他？如果客户到了其他的店面，又花了钱，钱白花了无所谓，可是一旦她受到伤害呢，这就是你的罪过。所以，只要我们的初心是对的，你不是为了成交她，你是为了成就她度化她。你要了解，我们在的是一个什么样的行业，我们自己是一个什么样的初心。

我们的初心应该是去成就客户，让她变得更美丽，我们去度化她，让她脱离对容颜的恐惧，让她变得更加健康，更加美丽。如果你挣的钱越多，你的恐慌就越大，说明你的初心不对，你就是在赚钱，就是在卖东西。初心不对时钱赚多了，就会恐慌。如果你有成就她、度化她的心，那么你成交后就会有成就感。你的初心对了，人就对了，人对了，世界就对了。所以，你只管爱你的客户，让你的客户去选择，不要去评估评判客户，我们要放下跟客户索取的心。我们有一颗成就她的心时，客户花多少钱你都会心安地去接纳。

另外，很多销售人员觉得在客户面前低人一等，这种理念是错误的。销售人员不是把产品或服务强加给别人，而是在帮助客户解决问题。你是专家、是顾问，你和客户是平等的，甚至比他们的位置还要高些，因为你更懂得如何来帮助他们，所以你根本没必要在客户面前低三下四。要知道，你看得起自己，客户才会信赖你。而且，在销售行业中，最忌讳的就是在客户面前卑躬屈膝。如果你连自己都看不起，别人又怎么会看得起你呢？表现得懦弱、唯唯诺诺，根本就不会得到客户的好感，反而会让客户大失所望——你对自己都没有信心，别人又怎么可能对你销售的产品有信心呢？

第二节　真正的成交是成交自己

　　为了销售去沟通，这是大忌。你站在对方的角度考虑问题，判断客户是否需求产品。真正的成交高手不是把产品卖出去，而是成交人性，成交人心。成交过程要达到的目的是：收钱、收人、收心；而不是单纯地买卖，只把钱的问题搞定。最后伤了客户的心和感情，这是得不偿失的。所以一定要结合人性去成交。

　　要把结合人性去成交作为一个载体，任何产品只要把它透入进去就可以了。成交是要让客户需求被满足，让客户有安全感。女人毕生都在追求安全感，你把客户也想成女人，对方与你合作也是来寻求安全感的，如果一交流就变得很紧张，感觉自己要被打劫，被抢劫了，对方就没有安全感，没有安全感，就很难达成共识合作。

就跟女人找老公要找有安全感的男人一样，人都愿意跟有安全感的人接触。客户选择一个地方消费，更愿意选择一个能给她安全感的地方。换位思考，我们就会理解客户的立场、心理和需求。

真正的成交是自己成交自己。跟点菜一样，到餐馆吃饭，菜单拿过来，你只负责分析客户的需求，他能自己对应选择自己需要的产品。真正让客户自己了解自己的需求，让客户知道自己有什么样的状况，到这里来找解决的方案。

生活中我们都有自己喜欢的店、商场。想逛街了，出门就直奔这些店，在这些店里没有自己想要的东西，才去别的店里购买。培养客户在店里的消费习惯，他自己的需求他自己了解，想到的地方就是店里，想到的人就是咱们的销售顾问。要去合作一个项目，首先想到的就是你，让客户达到心甘情愿的买单、合作并且高兴。每个人都非常喜欢得到客户的认可和表扬，尤其是客户与你合作后的感谢，会让人觉得特别有成就感，特别自信，有力量。在这种情况下，这个客户后期的成交率也会比较高，销售、合作起来非常容易。

因为客户认可你之后，你站在成就人、度人的角度帮助过他之后，卖产品、做业绩、谈合作只是顺便的事情，业绩就比原来好做了。

中华传统文化有个很关键的词就是"利他"。站在他的角度，在销售过程中，仍然会有恐惧和障碍。克服成交恐惧最好的方式就是转变自己的"心念"，就是转变你对待顾客的心。

人们常说"无知者无畏"，真正的无畏是慈悲，"大慈者无畏"。大慈者，是母爱。有孩子从高楼掉下来，母亲百米冲刺可以接到孩子，这就是母爱的力量，是慈悲的力量。

真正的力量来自慈悲，一个人以慈悲心对待对方，"我就想对你好"，他是无畏的，是没有恐惧的。你有恐惧只有一个原因，你就是想卖产品给他，担心被他拒绝，所以你就恐惧，你就害怕，你就纠结。客户消费到一定程度了，你不敢让他消费了，那是因为你是站在想赚他钱的角度，如果你站在一个慈悲的角度，希望客户更好，那恐惧就不存在了。

在成交的过程中，产生恐惧的两种现象：我想卖产品，我有恐惧；客户消费到一定程度，心里开始设限，觉得他不应该再花钱了。

有一次我去培训，有个学员就跟我说：郑老师你解开了我一个心结。我有一个同学，我一直觉得他需要我的项目解决他的问题，每次见到他我都想邀请他，但是每次都张不开口。每

次话到嘴边，我讲不出来。听您讲课，我知道我为什么讲不出来了，因为我担心他怀疑我要卖给他产品。但是现在我明白了，我的心是为了成就他，只为他，所以我可以大无畏地去给他讲，慈悲地跟他分享。我这样去做，即使他当面拒绝了我，他内心也知道不应该拒绝我，知道我是为他好。

这就是源自顾客对我们发心的认知，对我们的认可，然后变成我们想要的"果"，我们想要的果就是业绩。只有好的"因"才有好的"果"，你的初心就是"因"，因对了就会有好的果。让客户心甘情愿地买单并且感谢你，我们只要帮到别人想要的，我们就会得到自己想要的。

我们帮助客户解决问题，就创造了我们的业绩。这就是我们在工作中形成的因果。初心对了，你的恐惧障碍就没有了，你的纠结心态就没有了。调整心态，初心对了，一切都会好起来。

如何判定真心？真心最简单的判别方法，就是"拍马屁 VS 赞美"的区别。客户到店，你和客户的交流，对客户的称赞，是拍马屁还是赞美，客户心知肚明。赞美客户必须有"了解"作为基础，只有真正了解客户，才能发自真心的赞美。不了解的赞美都有拍马屁的嫌疑。在与客户的沟通过程中，一定要做到"真诚无敌"！

成就他人的喜悦和成就感，有助于后期的成交。有了成就感之后，销售变得非常简单，成交非常简单，客户买单非常简单，这都是因为你成就了别人后顺便也成就了自己。

记住一句话：我们解决对方的需求，对方就顺便解决我们的需求。如果你的目的只是卖东西给客户，客户为什么交钱；如果你站在要解决他需求的角度，他的需求解决了，也就顺便解决了你的需求。不要赤裸裸把自己的需求放在首位。

讲业绩就要讲成交，在一切都不变的情况下，项目、价格、硬件、店面等一切都不变的情况下，顾客数量不变，我们在哪一方面进行提升了，然后业绩就上来了？

初心、聊天、换位思考、找到顾客需求、解决需求，这些是我们的成交能力，我们不是勇者无敌，我们是慈悲无畏，我们为了让客户变得更好。成交能力提升1倍，业绩就会提升N倍。客户认同后，就有非常大的成就感。讲话有底气，有权威性，有话语权，潜意识里有顾客的决定权。因为你是站在他的角度帮他解决问题。

就如同在医院看病。医生首先是问诊，了解我们的病症，根据症状给我们开药。在医院没有讨价还价，也没有说不买药治疗的。这是为什么？这是因为医生有权威性。在人们的认知里，医院就代表权威。实质上，我们站在客户的角度出发，为客户服务，客户的问题解决了，他的需求被我们解决了，我们在他面前就有权威性，就有话语权。

第三节　赚钱只是顺便的事

在赚钱的过程中，最终不是以钱为目的，我们想达到的是认可。一旦得到客户的认可和尊重，赚钱是顺便的事情。如何让客户认可我们，尊敬我们，是否具备这样的能力：度化人的能力，成就人的能力。

首先你自己是有成就的，有专业的能力，先度化自己，为他人着想。所以成交能力越强，赚钱速度就越快，赚钱比例也越多。这些能力一旦掌握，毕生都是自己的。

这不同于以往的话术、技巧，具有时效性，这种能力是毕生受用的，如同我们骑自行车一样。学骑自行车的过程都摔过很多跟头。你们学骑自行车是怎样的经历呢？

大部分都是家里人在后边帮忙把着，后边人鼓励大胆骑，

你小心翼翼地骑，不让后边人撒手，然后在撒手过程中战战兢兢、磕磕碰碰中学会的。骑自行车的能力成为生命中本能的能力，而不是背话术或者学习的其他技巧之类的知识，这会融入我们的生命中。

我们那个年代的车是带大梁的，在下边三角形的圈空里伸腿过去，脚镫子没有脚踏，只有一根棍，链子没有链盒。初学骑自行车时，我是在不停地摔倒受伤，裤子不停卷进链子里，跟着自行车蹦跳着摔了不知多少次……

骑自行车是一件很奇妙的事情，一旦学会终生不忘。如果话术、技巧、销售等让大家来背，进行AB的演练，你是顾客，你是业务人员，你演练完了，他演练……这些问题演练完了，当时表现很好，可是培训一旦结束，你走到客户面前，内心还是没有底气，也没有勇气。为什么？

因为我们的初心不对，因为我们抱着私心去跟客户聊天，想着怎样从他的腰包里掏出钱来，怎样让他带产品回家……相反，如果你本着解决客户苦恼的初心去做这件事，你有的就不是胆怯和畏惧，你有的是发出善心的期待和帮助人的愉悦，这些客户都能够感知到。

我们现在的销售大多还处于卖产品的阶段，虽然近年来的培训强调了客户满意和客户关系维护，但是出发点还在业绩达成上，这就造成我们在张口销售前的心理障碍，克服它就会走得更高更远。

说起初心，我还有一些深刻感受。那就是关于全员营销思维这门课程的研发。这门课我研发的初心不是为了赚钱，也不是为了扬名，而是因为自己做企业管理这么多年，一直都在给客户解决问题、讲课。而从来没有给自己的好朋友讲过课程，趁着最近休息，单纯地回馈一下这么多年的几个做企业的好朋友。本着帮助朋友和他们的企业的初心，对朋友的企业开始了解，因而有这个机缘研发了这门课程。

总结一下自己这一路打拼过来的十几年生涯：早年间，我在美容行业做过美容师、美容导师、业务经理、化妆品厂家高管，亲自操盘过过亿的高端项目。后来转行到培训领域，从业务员到业绩冠军，到分公司总经理，到集团高管、董事。我培训过数万家企业，参训人员超过十万人，众多企业经过我手把手的指导后业绩激增。

可以说，我一路走来一直学销售、做销售、教销售。我创造了无数个个人冠军、团队冠军和行业冠军。在这个过程中，我一直坚持站在专业的角度、销售的角度、客户的角度，用三种角色结合而成的全方位思维模式，从人性的根本上梳理经营企业思维，提升成交能力和成交结果，打造高效团队。

由于平时工作太忙，曾有好几个企业家朋友请教我有关企业管理的问题，我一直没有时间好好解答。现在终于休息了，我长舒一口气说："终于可以好好帮助一下自己的好朋友了。"于是，我就萌生了专门为自己的朋友开发一门课程的想法。因为我对于朋友的企业相对了解，加上我这么多年的培训经验，所以当我专程去朋友的公司做完市场调研之后立刻抓住了解决企业问题的命门。

2017年春节期间，我到深圳的海边住了几天，研发出了这门"全员成交思维"的课程，这个课程的初心完全为了帮助朋友的企业做得更好。研发完课程之后我是免费为朋友企业的员工进行培训的。有一个朋友在当地开办了最大的美容院，有将近200个员工。美容这个行业是一个培训密集的行业，三天两头就会有一些培训课程，基本上一年有多于三分之二的时间都在培训，什么大咖级别老师的课都听过，所以他们对于培训都麻木了，认为培训就是找机会打盹休息。但是我上完一天的课程后，200个员工都沸腾了。我的企业家朋友说："我平时培训的时候注意力最不集中，但是今天我连厕所都没敢上。"员工反馈说：

"我们今天压根不想睡觉。因为这个课跟别的课不一样，从内在帮我们解决了销售中存在的问题。"

给另外一个好朋友的公司做培训，他的企业是行业当中做得最好的企业之一，这个企业也是我多年的客户，非常热爱学习，每年的培训费用都在上百万元。朋友听了这个课程之后告诉我，你不能只讲给这几个朋友，这样太狭隘了，应该让更多人听到，这是在行善积德。我并没有因此想太多，因为初心完全是帮助朋友，只是培训之后大大提高了朋友公司的业绩，之后很快口碑相传，很多企业都来邀请我去他们公司讲授全员成交思维。所以说，当你的初心是帮助他人的时候，你反而能把事情做得更好。当你真正帮助了别人的时候，赚钱也就是顺带的事情了。

第四节　有理由的热情是虚假的热情

我们来说一个场景：客户 A 来了，是你的目标客户，你对待他会非常热情。然后又来了一个客户 B，但是这个客户不是你的目标客户，他来了后你也会热情，但是这两个热情是有区别的。这个区别客户 B 是能感受到的，这会让他的心里不舒服。服务细节不是培训出来的动作、流程，而是在于你的内心。两个客户来了，你们要拿下的客户，你们恨不得把他捧在手里，另外一个客户来了，你们也是很热情，但这只是常规的热情。这种情况是很常见的服务细节不到位。我想说，有理由的热情都是虚假的热情，如果你的热情是有理由的，你就拿不到真实的结果。如果你的热情是发自真心的、发自本质的，是不虚假的热情，你的话让人觉得开心，而不是觉得你在虚伪，在拍马屁。夸人要会夸，如你今天去参加一个婚礼，一句话能夸到人家全家，应该怎么夸？你要跟他儿子讲：你跟你爸爸一样有眼光，选了这么漂亮的一个老婆。这句话厉不厉害？言语一出就是能量。如何让对方发自内心的开心，这个只有你了解他，你才能做到。你不了解他，你只能表面热情。同样一个杯子，装着水就是水杯，装着酒就是酒杯，所以你内在装着什么，你就显现出什么。一个人吃的都是垃圾，他就不可能变成舍利子。所以成交的关键在于我们内心装着什么，你内心装着对客户的爱，你才能显现对客户的爱，不是喊喊口号"我爱客户"，就真的爱客户了。

所以，真正的热情就是没有理由的热情，不管对方如何，你依然不忘初心。你们的初心是什么？是成就他、度化他的心，这是我们跟客户沟通的出发点。有理由的热情都是虚伪的，但是我们真正的热情是不可能没有理由的，如果我们给自己找一个理由，那就是信任。

何为信任，信任是你对企业的信任，你对你的项目的信任，你对你们老板选择项目的眼光的信任，你相信这些，你就会相信你的客户来到你的公司、你的店面，你一定会成就他、度化他，你会让他得到他想要的结果。想到这些的时候，你就会很

开心，变得很热情，这热情就变成顺理成章的热情。

我举一个我之前做销售时的例子。当时我所在的培训公司有一个业务模式是业务员打电话邀约客户，约到的客户由讲师上门免费演讲，也就是实际上的推广课。我培训了一个月之后就成为推广课的讲师之一。每次去企业演讲从没有"放空枪"过，只要我去讲，就总能签单、收钱回来，成为那一批讲师中命中率最高的一个。有人问我："你有什么技巧吗？为什么说服力这么强？"我很诚恳地回答："我最大的技巧就是拥有强大的信念。业务员打100多个电话才能邀约成功一家企业，给我机会去讲课我就应该好好珍惜。最重要的是我对于我们公司的产品特别相信，我发自内心地认为，企业如果不来接受我们的培训，他的企业就不进步、不成长，那么是不是会因此倒闭？我是真心想帮助他们企业壮大，他们如果拒绝我，我不会伤心难过，我是真心为他们着急。"这种强大的信念也感染了顾客，使我吸引来了接二连三的订单。这就是对企业和产品绝对的信任所带给销售人员的热情和信念。

同时，我也有一个经验，只要我对我销售的产品和项目有所怀疑的时候，我的销售业绩立马就下降。举例来说，我后来到了某咨询集团，公司课程设计时的想法很好，就是通过企业之间对接，真正帮他们做点事。咨询公司帮助企业赚了钱顺便自己赚点钱。公司成立初期，公司确实为企业做了不少事情，解决了他们实际的需要，很多会员都特别感激他们，这让我感到深深的成就感和满足感。那时候我的业绩也是突飞猛进，不断接到新的订单。但是后期公司渐渐忘记初心，把大部分时间放在提升业绩上，而不是放在所服务企业的需求上。说到底是企业的初心出现问题，不是真正致力于解决企业需求，而是公司自己的利润上。这让我感觉到心累。我理解这些顾客，我懂得是公司没有真正解决他们的需求，才会让他们如此不满意。所以在这种情况下，我已经对公司的模式和初心产生了不认同，觉得公司偏离了度化和成就客户的道路，于是，我的热情之火渐渐熄灭，我也很难再拥有之前的销售业绩，而且最终选择了离开这家公司。

我们现在都发朋友圈，吃了特别好吃的东西，我们会发朋友圈，或者是跟朋友说这家东西特别好吃，劝朋友去吃，甚至会让人家怀疑，你会不会是人家的托儿，那个时候我们的热情就是来自信任。因为你吃过那家的东西，真的好吃，你不跟人家分享你就憋得难受，所以你就会热情洋溢地跟人家讲。我记得以前上了一堂很好的课，我跟朋友说这课特别有意思，一定

要去听，然后他们屡次以各种理由拒绝我，我还是继续推进。他们都问我，你是不是有提成啊！我的热情已经让他们感受到我是那家的托儿了。其实我的热情来自我认为这个课程真的非常好，来自我对这个课程的信任，这种热情是让人感动的。也是这种热情最终感染了朋友去听课，课程听到一半，他们都感谢我让他们听了这么好的课程。那么当你的客户来到你的公司、你的店面时，你的热情是什么？是他今天要来买产品吗？那你的热情就不是真正的发自于心的。你要对自己的公司产品充满信任，认为自己的产品能够真正帮到客户，这时候你的热情就是自内而外的了。

佛家讲因果，因果是从果推算它的因。有的团队为什么可以做那么高的业绩，因为他们公司领导的初心是真正为客户着想的，他的初心是在选择项目的时候，已经开始替客户去把关。他不会选择利润最高的，不会选炒作率最好的，也不会选择谁家的促销是做得最到位的，他所想的是你的项目本质如何，质量如何，效果如何，安全系数如何。有了这样一个企业家帮你们把关这个项目，销售人员就完全可以去相信这样的一个项目。当你们的项目可以达到这样一个结果的时候，你的客户一来，你就会想，我有这样好的一个东西，我想分享给你，可以去成就你，可以去度化你，我们这是在做一件行善积德的事情。这样你的客户一来，你就会热情地欢迎他，客户也能感觉到，这也是我们的真心，所以我们的热情唯有一个理由，那就是源自信任，对企业的信任，对企业项目的信任。而且是怀着一颗成就他、度化他的心，你可以让客户在你这里有一个他自己想要的收获，所以最热情的理由是源自信任。所以我们要永远保持一颗纯洁的心，当你无私地去奉献，去为他人着想，最终成就的还是自己。所谓无私是最大的"自私"，你用你的无私去成就他人，他人也终究成就了你。

第五节　成交要保持一颗纯洁的心

纯洁的心是什么，是正能量。你可以不相信他，但是很快你就会发现，一个不相信正能量的人，他的事业会远离目标。我们要相信真性情，你也可以不相信，但是你不相信真性情，你会发现你没有朋友。我们要相信爱情，你可以不相信爱情，那么你从此就没有了爱情。我们去相信对方，不是在做一个好人，而是因为我们需要被相信的力量。不是因为你是一个好人，我要相信你，相信是为了让我过得更幸福。因为你相信能量了，你就会充满能量，你的事业就会好，你相信真性情，你身边就会有很多好朋友。你相信爱情了，你就会拥有爱情；你不相信，你就永远不会拥有。所有的事情都是这样的。有这样一句话：没有贪心，何来被骗，没有私心，何来伤心。很多人因为一次两次被骗就会不相信正能量了，不相信真性情了，不相信爱情了，这些都是源自你有私心，如果你没有贪心，就不会被骗，没有私心，就不会伤心。因为你有付出，你想得到，你的付出没有得到你想要的，你就会伤心。如果你不够贪心的话，你就不会被骗。这些年我一直在做企业管理，看到很多人做了不当理财后，家破人亡。回头想一想，所有理财出问题的都是因为贪心，如果不贪心，钱就不会被骗，如果你伤心了，就说明你当时有私心了。

这个世界就是这样，你相信什么，什么就离你越近，你不相信什么，你就永远失去什么，这就是相信的力量。有人问，我都被骗了，我还要相信他吗？你不相信他，但是你不能不相信别人，一个人把你骗了，你就认为天下人都是坏人，这样的理解就是片面的否定。

所以，任何事情意念一动，能量随来。事情的结果在于我们的意念，我们的初心。无论是你对客户的初心，还是你对生活、事业的初心，如果你被骗了，你想想你当时的初心是不是出了问题；如果你伤心了，你就想想当时的初心是什么。所以，意念一动，能量随来，你今天得到的果，都是由你当初的意念这个因造成的。你当初的因，导致了今天的结果。

心如何才对？不再为成交客户而兴奋，而是帮到客户有成就感；不是为赚钱而快乐，而是成就了你我而快乐。我们成就了客户，客户相信了你，请问赚钱还是问题吗？他已经认同你，尊重你，你度化他，成就他，你赚钱就是这件事情顺便达成的结果。所以，我们不要把赚钱放到首位。

因为我是做企业管理的，身边接触的全是企业家。中国的民营企业在近几年波动特别大，可是总结之后会发现，能生存下来的企业，做得好的企业有一个最大的特点，就是他们的初心，好的初心自然而然影响员工。因为种子种对了，我们的心对了，所以和客户沟通的方式就对了，我们为成就客户而开心。

在思考自己所处的行业的过程中，我们要善于找到自己所处行业带给我们的成就感和自豪感。我还是以美容行业为例。女人在这个世界上，占据着非常重要的位置。我们看一个国家的经济，看女人的着装就能看出来，从女人的衣服上就能看出这个国家的发展，可见女人的地位是非常重要的。美容行业是服务于女人的行业，我们让女人变得更漂亮，变得更好。女人变漂亮了，这个家庭会变得更加幸福；家庭幸福了，男人的工作动力会加强；男人的动力加强了，他的事业就会做到更好。

有一个词语叫"相由心生"，是说一个人内心很善良，他的面相就会很慈悲,他就看起来很慈悲、很随和。如果一个女人照镜子,发现自己变得很漂亮,心情会变得很愉悦,对于家庭就会带去更多的正能量。所以,一个女人漂亮的容颜会改变家庭,可以说"心由相转"。美容行业就是起到了这么巨大的作用。

这是美容行业的例子,我们其他行业同样能够找到行业带给我们的自豪感和价值感,如教育行业,培育的是祖国的未来和民族的希望;如餐饮行业,关系到国家的民生,每个人的幸福感;如环保行业,是对环境的保护,为人类走向未来保驾护航……

所以,我们不管在哪个行业,都要思考以下问题:你的行业能给客户带来什么,你们公司能给客户带来什么,你的项目能给客户带来什么,你能给客户带来什么,你希望你的客户提起你本人是怎么样的评价,你希望客户提起你们的店面,对你们的公司是怎么样的评价。

因此,我在每个公司进行培训,都会留这样一份作业,让大家进行深度思考。

表　对自身行业的认知

问	答
① 你的行业能给客户带来什么	
② 你的公司能给客户带来什么	
③ 你的项目能给客户带来什么	
④ 你能给客户带来什么	
⑤ 你希望你们的客户提起你是什么评价	
⑥ 你希望你们的客户提起你们的公司是什么评价	

通过这样的思考，可以让销售人员得到空前的自信与荣誉感。因为这样的思考不是站在赚钱的角度，不是站在公司利益的角度，而是站在客户的角度，来思考自己、公司和行业能给客户带来什么，解决什么样的问题。也让他们从内心思考希望自己和所在的公司在客户心中是什么样的，从而在这种美好的希望中看清自己需要修正的方向。我发现大家在总结行业价值的时候，心地是纯洁的，因为这一刻他们没有恐惧，他们认为自己的行业是一个帮助人、成就人的行业。每一个正当的行业都能找到对于国家和民族的意义，从而获得真正的成就感和自豪感。这样，我们在给客户销售的时候就有一个好的初心、好的定位。

第六节　大慈者无畏

　　害怕永远是人类最大的敌人，它深沉而具破坏力，会深藏在你的潜意识当中，让你凡事往坏处想，消极地去看待这个世界，还会让你只愿意与想法及感觉相同的人为伍，加重你们彼此之间的恐惧。可以说，这种沉积在你事业上的影响就如一场悲剧，是你生活和事业成功的最大障碍。所以，为了在销售上赢得胜利，你首要的工作就是铲除影响你生活和事业的恐惧心理。

　　害怕和自我肯定有着相反的关系，就像跷跷板一样。害怕程度越高，自我肯定程度就越低。若是你采取任何行动去提升自我肯定的程度，都会在一定程度上降低让你裹足不前的恐惧。当然，采取任何行动去降低你的恐惧更会增加自我肯定、改善绩效。

其实，所有的恐惧心理都是经由引起恐惧的事件或想法一再重演而后天形成的。换句话说，你也可以不断用鼓励的行动来对抗恐惧，破除害怕心理。

比如，如果你害怕拜访陌生人，要想破除这种恐惧，就要不断地面对它直到这种害怕消失为止。这是建立人生信心与勇气最好、最有效的方法。如同爱默生所说："只要你勇敢去做让你害怕的事情，害怕终将灭亡。"

如何对抗销售中的恐惧心理？那就需要在内心升腾一种力量来战胜恐惧。这种力量就是爱的力量，成就人、度化人的力量。如果我们把销售客户产品当成赚客户的钱，让客户有所损失，那么你必然恐惧害怕。但是只要你转念一下，把销售从内心认为是帮助客户、成就客户，那么恐惧自然会消失。我们就会离苦得乐。

人类一切行动的动机要么是出于爱，要么是出于怕，这个就是人性。成就人是源于爱，因为我们爱他，希望他变得更好。度人就是我们在帮他脱离恐惧。如果我们带着一颗成就客户的心，客户肯定可以感受得到，我们也可以从根源上消除恐惧。可是如果我们还是赤裸裸的，带着刀、带着枪、带着原子弹、各种武器去的，还是以一种谈判的心理，去卖弄技巧、卖弄话术,那么这不是爱,这是掠夺,这是抢劫。抢劫的人自然就会害怕。因此,消除销售恐惧和快乐成交的核心就是我们如何成就客户,如何度化客户。

上面我们一直在讲真正的成交是成就客户、帮助客户。因为我们的成交不是以产品销售完毕,收到客户的钱为目的,自然这也就不会成为终点。因为客户买完产品后依旧需要帮助,而我们销售之后还能持续进行服务和帮助才是一个有度人之心的销售员应该做到的,也自然会收到客户的持续回报。

一位朋友在最近一次买车时,付完车款后,销售经理让最优秀的一个销售人员带着他到最近的一个加油站去加满了一箱油。虽说这是很小的一件事,只花了一二百元。但是在这位朋友二十多年的买车经历中,这是第一次没有让油箱空着驾驶离开。那之后,朋友还介绍了两个客户去这家4S店买车。这两个客户每人买的车还都挺贵。

一二百元的汽油难道不是这个汽车销售商一次很好的投资吗?绝对是!然而,正是这个小小的举措远远超出了客户的期望,使他热情地向其他潜在客户推荐。

还有一个故事:

一位父亲想给女儿买一条狗，在这个城市里，有三个卖狗人。

第一个卖狗人说："你看这条狗很好，好像你女儿也挺喜欢的，1000块钱，你好好看一看。如果你喜欢呢，付1000块钱就成交了。至于狗，你也看过了，你女儿现在挺喜欢的，至于说以后怎么样，跟我就没关系了。"父亲摇了摇头，离开了。

第二个卖狗人说："你看这条狗非常好，是英国的纯种狗，这种颜色的结合非常好，好像你女儿也挺喜欢，1000块钱，这个价格也合适，我不敢确定你女儿明天是不是还会喜欢，所以你付1000块钱，一周后，如果你女儿不喜欢，只要你把狗抱回来，1000块钱我就退给你。"父亲有点心动，接着来到第三个卖狗人面前。

第三个卖狗人说："你女儿看起来挺喜欢这条狗，但是我不知道你养没养过狗，是不是会养狗？你女儿是不是真正喜欢狗？但她肯定喜欢这条狗，所以，我会跟你一块把狗带到你家，然后，在你家找一个合适的地方，搭一个狗窝，我会放足够的食物给它，过些天我再来拜访。如果你女儿仍然喜欢这条狗，这条狗也喜欢你女儿，那这时候，我来收1000块钱，如果你说不喜欢，或者你女儿跟这条狗之间没有缘分，我就把狗狗带走，并把你家打扫干净，顺便把味道全部清理干净。"

第三个卖狗人，简直让这位父亲两眼放光。这位父亲很痛快地买了第三个人的狗，甚至没有讨价还价的想法。

最后一个销售者，可以说是全方位360度服务，只有想不到，没有做不到。服务都在客户意料之外。这样达成的客户需求满意，才是成功的。客户的回馈成交自己完成业绩的达成。面对客户时，我们应该像第三个卖狗人一样"100%站在对方的角度思考问题"，这样生意才会越做越大。

所以说我们本着一颗真正成就客户的心，就会超出客户的期待，一旦我们的产品和服务超出客户的期待了，那我们此次的成交或者持续的成交就变得容易了。黄铁鹰在《海底捞，你学不会》中说："什么是好的服务？就是让客人满意。什么是更好的服务？就是让顾客感动。怎么才能让顾客感动？就是要超出顾客的期望，让顾客感到意外，让他们在海底捞享受到在其他餐馆享受不到的服务。这样，海底捞与其他火锅店的差别才能体现出来；于是，当顾客要吃火锅时，才能想到海底捞。"这其实就是一种差异化管理的战略思想。差异化不是说必须人无我有，有跟别人完全不一样的地方，而是你把大家都有的事情做得更好，做到极致，这样差异化就出来了。

当你开始真正地服务于客户，而不是卖东西给客户时，那些原本限制你事业成功的因素将会一点点地消失不见。

以前经常听说，无知者无畏，那只适用于年少轻狂时。人的内在应该充满了慈悲，完全没有小我的存在，心里装的都是对方。如同一个母亲，没有成为母亲之前，有可能怕黑、怕虫、怕这怕那，可是当她成为母亲之后，她的孩子遇到任何危险，哪怕是她以前惧怕的，她都会无所畏惧地保护孩子，因为那是慈母的力量，心中无我的力量。这就是大慈者无畏。

第四章
人情练达即销售

第四章
太阳光谱

第一节　成交之前打破三层绳索

销售人员要想成交量变大，成交变得容易，突破自己以往的思想和行为就显得特别重要。而突破以往，我们首先就要打破三层禁锢我们的绳索。

第一层绳索，我们称为"固"。什么是固呢？就是忘不了过去，老拿过去的事情说事。很多人，尤其是女人有一个特点，就是忘不了过去的苦难。结婚后的女人通常有一个最大的特点，就是跟闺蜜在一起一般都爱说老公坏话，说他这也不好那也不好。我想问一下，你跟你老公之间难道没有快乐的时光吗？没有那么多的美好你怎么可能决定嫁给他，怎么可能结婚？可是你会发现女人就是一个特别奇怪的物种，第一就是喜欢诉说痛苦、重复痛苦。她用她的潜意识告诉自己：我真的很痛苦。她不单纯认为自己痛苦，她还要她身边所有的人都知道。女人要把我们过去的东西先丢掉，先在这个部分解脱。如果你不解脱，你怎么活都是痛苦的。要把我们过去的一切东西——固化的东西、过去的经验、过去的思维、过去的模式、过去的心态、过去的理念统统去除掉。不要把过去的东西每天都挂在嘴边，过去你有那么多开心的事情，你怎么不天天给别人分享？把你家那点破事天天拿出来跟别人去讲，这是大部分女人的特点。

打破"固"的思维不管是在生活中，还是销售中都是非常重要的。在销售中，我们不要用自己固化的思维去评判客户。停止评判，能量就提升了。当你评判的时候，你就将你的注意力从你自己那里转移到别人身上。通过关注外在，你阻止了自己注意到自己的内在正在发生什么。评判别人是一种力量的丧失。

我们总结无数人的经验发现：普通人看过去走今天，大成者是看未来活当下，所以你们是想做什么样的人，这是你们自己的选择。你们想做普通人就做普通人，就永远怀念过去的苦难，然后你就觉得自己特别痛苦。如果你是大成者，就多去展望未来，而不是被过去的脚步束缚。要把自己明确定位：你是谁，你想做谁，规划好自己的人生定位。

人类科技和医疗的发展日新月异，所以展望未来，不是说

我60岁就退休不赚钱了，80岁就不能赚钱了，不是这样的。你将来活150岁，你今年80岁，刚好一半过一点，等于中年人，正是年富力强最好的年龄段。如果你达不到这个年龄，你就要训练你自己，恢复成那个年龄，阻止自己的退化和衰老。包括走路的姿势，走路别弯着腰，要挺起腰来，甩着手走，这样就行了，这样你的身体就会有变化。这也是典型的打破"固"的思维给自身带来的变化，激发出人本身的无限潜能。

第二层绳索就是"囚"。囚指的是什么？知识。我们过去讲的"知识改变命运"这句话是对的，但是知识同时也会束缚我们的成长。这里我举一个被知识绑架的例子：某名牌大学毕业的研究生找到一个禅师，他问：师父，我已经毕业十年了，我想买一个我所毕业的名牌学校的学区房为了孩子以后就读方便，可是我买不起，请问禅师怎么办？禅师问他，既然你自己在这个学校毕业的，毕业了十年，你都买不起这附近的房子，你为什么这么执着地一定要买附近的学区房呢？人往往会对过去的知识所束缚。他在这里毕业了十年都买不起这里的房子，然后他还要买这里的房子，让自己的孩子继续重复他的路，他的思维已经被囚住了，已经被固化了。我们应该学过很多很多的东西，无论是在学校里学到的，还是在毕业之后学到的，我们也都先去放下。普通人被过去的教育所困，大成者超脱过去的教育。

　　通过实际生活的总结，我发现在学校学习特别好的学生，到社会中大部分表现一般，小部分是有成就的。如果你已经有了孩子，我建议你们不要让孩子上课的时候和书本打交道，下课还要和书本打交道。大成者是这样的，上课和书本打交道，下课就进入红尘，和人打交道，因为上课已经学习了他该学习的，下课后就应该和同学们去玩，和人去交流、去沟通、去互动，因为到了社会上，他是要和人打交道的。

　　我记得我有一个朋友就跟我讲："我儿子上幼儿园，入园第一天，就挨个把同学都打了一遍，一个都没有剩。后来老师让我去把孩子领回来，我实在受不了了，感到特别发愁和无奈，感觉这个孩子无法教了。"我跟她讲了一句话："把你儿子送给我。这样的儿子太厉害了，我绝对把他培养成人才，将来让一群孩子跟他去玩。"因为在学校里，能把所有的孩子都打服了，这样的孩子从某一方面很值得嘉许，在同学中一定很有地位，因为没人敢惹嘛！你通过正确的引导与教育，让他换种和平的方式与同学们沟通，这样的孩子将来很有出息，长大了一定是领袖人物。我接触的很多企业家在教育孩子的时候，让孩子在学校上课的时候学习书本的知识，下课了也要学习。其实，孩子下课后就要跟人打交道，进入红尘，进入人道，不要再让他学了。因为他毕业以后是和人打交道，18岁以前你不让他跟人打交道，18岁以后你埋怨他不懂人情世故，让他有出息、有工作、快速晋升、快速当领导，他是不具备这样的能力的。

我上学的时候学习非常好，在初中是班级的班长。班长有一个特点，如果你学习特别好，但是与班级同学的关系比较差，那么你在做管理的时候，班级同学就不服。我当时的情况是这样的，上课的时候我是班长，下课的时候我是"黑社会大哥"的角色，这时候班级很好管理。所以说，在这个世界上，最大的学问不是在书本上，而是人情世故。我们销售人员也是一样的。我们所需要的不是跟产品的说明书打交道，而是跟人打交道。我们需要做的最重要的是人情世故。很多人把受教的知识去给客户背，其实客户是不需要的，因为他是识字的，一看就懂，所以背诵那些知识给客户的用处不是最大的。我们要讲他听得懂的、爱听的，而不是把说明书去背给他，这个也是在学校和社会的不同。

我们在社会上行走用得最多的不一定是过去所学的学问，而是在红尘中修炼得到的。如果大家有孩子，一定要让他早些进入红尘。我还有另外一个观念，就是不要太反对孩子早恋。

早恋有什么好处？早恋可以早点接触人。在社会中，很多年轻人很脆弱，一失恋就跳楼。那些轻易自杀的人一定没有经历过早恋。经历了早恋的人一定不会因为失恋而自杀。早恋在某种程度上是有好处的，因为可以让孩子早一点去接触这个社会的人情世故。社会就是这样的，人们的压力太大了，很多人因为抑郁变得焦虑。所以我们对家人、对孩子不要有太多的干涉，给彼此多一些空间加上正确的自我保护意识引导，这在我们做人当中是非常重要的。所以做成交就是做人，人就是核心。要解决核心就要解决两个问题，一个是解决人情世故问题，而不是仅仅讲技巧和话术。

第三层绳索就是"困"。困是被什么所困呢？是被性情名利所牵绊，特别是性格方面。过去我的性格是比较暴躁的，可能有不少跟我一样的人。过去我经常说一句话："我的性格就这样，我改不了，"把类似于"老子就这样，你爱咋地咋地，天王老子来了，也不管用"这样的话挂在嘴边。有的人冲动的时候就想摔东西。大家可以想象一下，就在我们要摔的时候，VIP客户来了，我们还摔不摔？答案一定是立刻不摔。所以，性格还有脾气我们自己是可以控制住的，就看自己想不想。这就叫自我情绪控制。

我讲课的时候做过调研：女生在男朋友面前跟在父母面前的打扮一样吗？在男朋友面前，我们是精妆打扮，在父母面前，我们可能是邋遢的，可以三天不洗头，两天不洗脸，但是在男朋友面前就不会这样。

上次我在北京做培训，我问她们："你们在父母面前都穿什么？"她们说："穿睡衣，有点冷的话就在外面穿一条秋裤。"这很普遍。为什么女士们在男朋友面前不这样，你们不是说我的性格就这样吗？不是一直说这就是我吗？你会发现，原来我们是天生的演员。性格是什么？不要讲我就是这样的性格，爱咋咋地，真正的性格是显相，在什么样的环境显什么样的相。以前我们说"见人说人话，见鬼说鬼话"。过去的认知会让我们觉得这人好虚伪。其实这正是这个人的厉害之处。为什么？这就是显相，在一个什么样的场景显什么样的身，知道在这种场景下该说什么样的话。客户的性格不相同，优秀的销售员表现出来的一定是不同频的，而不是因为性格固定，对什么客户都采取一样的方式。所以不要让你的性格把你自己给困住。我们的性格是用来使用、控制、驾驭的，而不是拿山来说我的性格就是这样，爱咋咋地的。记住，见什么样的人说什么样的话，不是虚伪，是一种难能可贵的能力。

"世界上没有完全相同的两片树叶"。做生意更是讲究"见什么人说什么话"。由于每个人都有自己与众不同的性格,即使是同一需要、同一动机,在不同性格的消费者那里,也有不同的表现。所以,针对人们迥异的性格,语言的针对性就要加强,只有把话说到对方的心坎上,才能使之心动。

高手是没有性格的,高手是使用性格。现在的我可以把我的心情当作一种工具,真的可以做到不生气。比如说我遇到一些特别气愤的事情怎么办,一个客户给我打电话刚开始聊得很好,后来我发现他就是来找碴的,我又该怎么办呢?我在心里暗示自己:我是一个有修行的人,我得忍。于是我就听他讲。讲到一定的程度的时候我就忍无可忍。可想而知,他跟我这种讲课的人吵架结果是怎么样的。我绝对不吐一个脏字,最后跟我赔礼道歉。当时我在购买东西,店里所有的服务员都在静悄悄地看着我,估计心里暗想这一单肯定成不了了,因为我发了那么大的脾气。但是我挂了电话,转身我就对店员说:这个算好一共多少钱?我要刷卡买单。服务员觉得出乎意料,但对我而言,刚才那整个过程是我对性格的使用。大成者是没有性格的。性格是我们的工具,人不要没事儿就生气,把自己气出一些疾病得不偿失,万病之源始于情绪。要用你们的性情去成为你们的工具，你们的性格是用来显化的，不是用来任性的。我们跟每个客户沟通时，每个客户的性格是不同的，我们在每个客户面前都要显现不一样的性格，而不是任性。"老子就是这样的性格"在当今这个社会已经不管用了。普通人会被性格所控制，因为他没法改变，所以你只能接受，大成者用性格驾驭人性，有立场而无情绪。

第二节　人生成就＝能力 × 努力 × 态度

　　日本的经营大师稻盛和夫，在其一本著作中，曾提出这样一个成功方程式：人生成就＝能力 × 努力 × 态度。你的成就能达到什么高度，你的能力、努力、态度起着关键的作用。很多人失败的时候，只会埋怨自己的能力不足，但很少会审视自身的努力与态度是否存在问题。一个人的能力，包括身体素质、才能天性，更多是天生的。然而，努力与态度完全是个人后天决定的。

　　在这个成功方程式的三个要素中，稻盛和夫最看重的就是"态度"。因为在这三个要素中，态度可以起到巨大的反作用。一个总是心术不正、心怀怨恨的人，再怎么有才能，再怎么努力，都只会向着失败的路上前进。

无独有偶，作为世界上最具激励效应的畅销书作家奥格·曼狄诺经过多年研究发现，那些成功的人们——商业精英、奥林匹克运动员、政府领导、宇航员等，和其他人们中间有着一条明显的界线，曼狄诺称其为"成功者的边缘"。这个边缘并非特殊环境或具有高智商的结果，也不是优等教育或超人天赋的产物，更不是靠时来运转，在曼狄诺看来，成功者的关键，是态度。

不论在哪个领域，假如你总是能以积极的心态，或者说是以建设性和乐观的态度来看待自己及工作，那么不管市场环境如何，成功总会如影随形。那些获得大量订单，得到大量奖金的销售员，也许只是改变了以前工作中的一件小事情，就轻而易举地突破了销售生涯的一个大门槛。这意味着如果你能在销售的某个关键点上提高一点点，你的销售业绩将产生巨大增长。因此，作为销售人员，态度至关重要。

这个法则同样可以用在大公司的行销团队上，用在销售人员身上。销售人员80%的成功概率来自态度，而只有20%是由能力来决定的。当你重整潜意识的心态，感到能力与控制力沛然涌出的时候，你生活中的每一环节就会立即开始改善。就如哈佛大学的威廉·詹姆士在1905年所写的："我们这一代最大的革命，就是发现每个人都可以借由调整内在心态来改变外在的生活环境。"

同样，在任何行销市场，只要你秉持这些态度，培养这坚定的自信与热忱，不管身处哪种环境，都可能从弱势转为强势，都可能让每件事如预期发生。诚然，现实生活中，你可能并非是自己认为的那种人，但只要你自认为是那种人，就会成为那种人！

我们把自己想象成什么样子，就真的有机会成为什么样子。积极者相信只有推动自己才能推动世界，只要推动自己就能推动世界。俗话说，态度决定一切，只有端正心态，积极对待每件事，才能更好地把握机遇。其实，在每个单子的背后都有一位积极先生。

在人的本性中，有一种倾向：我们把自己想象成什么样子，就真的有机会成为什么样子。在看待事物时，应考虑生活中既有好的一面，也有坏的一面，但注意力集中在好的方面，就会产生良好的愿望与结果，销售也是如此。

在培养正确的态度的过程中，首要的就是"端正成功理念"。对于什么理念才是"正"的，各人有各人的选择。人生如莲，人生就像是睡莲，成功是浅浅地浮在水面上的那朵花儿，决定花儿能否美丽绽放的，是水面下那些看不见的根和本。我们太在乎成功，每每全部心思都专注于水面上看得见的花儿，却疏于去关心水面下那些看不见的根本和养分。结果是每每事与愿违，花不如意。莲花初绽，动人心魄，观者如云，岂知绚烂芳华的背后是长久的寂寞等待和生根固本的艰苦努力。

泥问佛祖："我以全部的生命滋养荷，荷高贵美丽，享尽人间一切荣华富贵，而我却饱受讥嘲冷落，我能不嫉妒、不为自己抱屈吗？"

佛祖说："从来没有做母亲的嫌弃女儿出众，也从来没有做父母的嫉恨儿子的成就超过自己。爱里没有包容，爱就不完全了。"

泥又问佛祖："与荷相比，她有美丽的外形，有芬芳的气息，有亭亭的风姿。古今中外，多少骚人墨客吟诗作词颂赞她，多少画家、艺人描绘她，多少人欣赏她，多少人喜爱她，而我呢？我什么都没有。"

佛祖说："你错了，你有荷全部生长的经历。她的萌芽新生，你分享她的期望；她的青涩岁月，你体会她的苦闷；她的含羞待放，你分担她隐藏的心事；她的风华绝代，你默享她的荣誉和掌声；她的饱满圆熟，你们一同欢呼丰收的喜悦；一直到她枯残死亡，你仍为她担负哺育下一代的责任。你知道吗？他们所有的了解，不过是荷外在的形象，而你却拥有她整个生命！"

第四章　人情练达即销售

泥再一次问佛祖："我委身在地，无声无息，受人践踏，又无华彩的外衣，我不觉得自己一无是处吗？"

佛祖说："真正的智慧在于隐藏，真正的才华在于沉默。你让花草树木蓬勃生长，供应她们成长的养分，你无穷的生命力还不够显现吗？"

泥豁然开朗，终于露出微笑。

这就是在告诉我们万物就是一体的，一即一切，一切即一，谁也离不开谁，谁是污垢谁又是美丽呢？美丽与污垢虽然外表不同，但哪一个不是来自同一个本体，都是一念变现而已。《论语》说"君子务本"，务本才是正道，花开只是结果。不走正道，就没有好果。

人为什么会痛苦，会纠结，是因为无法身心合一，想法、说法、做法无法统一，所以能量混乱，带来了无尽的烦恼与痛苦，我们要做到知行合一、行胜于言、致良知。你有一个女儿，你希望她的婆家要多给彩礼；你有一个儿子，你嫌亲家要的彩礼太多；你开车时讨厌行人，你走路时讨厌车；你打工时觉得老板太强势太抠门，你当老板后觉得员工太没责任心、没执行力；你是顾客认为商家太暴利，你是商人觉得顾客太挑剔……这中间就是知行合一的问题。心外无物，是确立自己的生命支撑；致良知，是确立天下的文明支撑，中间智慧就叫知行合一，无忧无惧，放马过来，需要做什么事，做就是了。

第三节 管理好情绪 才能管理好人生

态度里有很重要的一环就是情绪管理。情绪管理有四宝，第一点是乐观。那什么是乐观呢？有的人丢了东西，就摊开手说："丢了就丢了呗，算了，反正也找不回来了。"这不是乐观。你这样做是因为无论如何也找不回来了，是无奈地接受。真正的乐观是什么？乐观是今天我丢了一个东西，回头一看说幸好我那一个没丢，这叫乐观。12年前我在广州工作，有一次我带了公司的10万元现金去厂家订购包材，走在路上被抢了——他们抢了我握在手里的价值8000元的新手机。12年前8000元的手机是当时最好的，刚有的双卡双待，应该算是很贵的，当时我眼睁睁地看着四个大男人把我的手扒开，从我的眼前把手机抢走，我本能地想往回抢，抢完之后我的手也流血了，最后无能为力的我选择了报警。在公安局做完口供后，公司的司机过来接我。这个司机平时跟我关系很好的，但是这次把我接到车上以后就一直不跟我讲话，我心里非常郁闷，我遇到了一个这么大的事儿他为什么却不跟我讲话了。我忍不住把心中的疑惑说出来，他回答说，出门之前王主任告诉他，我东西被抢了心情应该不太好，千万别惹我。我说你快点跟我说会儿话，我快憋死了。我就跟他分享，我说我的手机被抢了，但是我很开心，因为我的包里有10万元的现金。他们没有抢我的包，只把我的手机抢走了，咱们今天得大吃一顿庆祝一下。当我回到公司，他们感觉我没有被抢，而是觉得我出去抢劫回来了，还在寻思今天晚上吃什么庆祝一下。这就是一种乐观。我们平时遇到的所有事情，一定有它发生的原因，有它发生的意义，一定有它好的一面，你要快速地发现这件事情好的一面，而不是无奈地去接受。从一件坏的事情中找到好的一面，那么你的心情就会很爽，这是乐观地修炼。

情绪管理的第二点就是宽容。宽容很重要的一点就是要做到换位思考。我有一个老师，他给我们讲了一个自己的亲身经历。有一次他坐长途大巴，他坐在外面的位置，他的旁边坐了一个老太太，也就是坐在里面的位置。这位老师因为课程很多，所以会在车上以很快的速度进入睡眠，以便养足精神。长途大巴每到一站都要停一下。到了一站，老太太忽地站了起来。老师以为她要下车，就挪身给她走出来，但是老太太没动，很快就又坐下了。老师以为老太太年纪大了，听错站了。然后到下一站的时候一停车，老太太又站起来了。老师赶快给老太太让地方，结果老太太又坐下了。到了第三站的时候，老太太又起来了，老师也起来了，结果老太太又坐下了。这个时候老师终于忍不住了，就问她："阿姨，我这一路都没睡好觉，因为我怕您下车不方便，您到底要在哪一站下车？到了那个站我可以叫你，你让我踏踏实实地睡会儿觉。"老太太说："我到终点站。"老师很奇怪，就问："你到终点站，为什么每一站都要站起来？"老太太指着车的一侧，说："你看上面的那个字。"老师就看见了大巴车上面写的字"下一站请停车"。老师问："下一站请停车，那您为什么要站起来？"原来，这一行字老人家是从另外一侧看的，看成了"车停请站一下"。

　　我的老师通过这件事感慨道：我们看待问题的角度是不同的。他不知道阿姨是这样想的，就有点责怪。所以，宽容不只是从表面上看起来宽容了，宽容最大的修炼是站在对方的角度换位思考，才能去理解对方。

所有负能量的源头都是"不原谅"，所有正能量的源头都是"原谅"。人的成长，无非就是原谅别人和原谅自己的过程。原谅别人不是便宜对方而是放过自己。原谅自己不是承认无能而是重新开始成长。修行就是不断原谅别人、原谅自己的过程。只看到别人的过失而没有看到自己的过失，就是最大的无明习气，有烦恼的时候，就是我们看见自己本心的时候，需要修行的时候。宽恕一切不可宽恕的众生，你将拥有生命的全部。对于客户，我们要从心底认同他。认同才能情通，情通才能理达。

销售中，判断是唯一的限制。我们不要去判断客户能否合作，能否成交。只管做自己该做的，做好自己能做的。很多时候，销售人员为了客户的拒绝而气恼，其实还是要换位思考一下，客户拒绝，是不是因为我们没有问清楚客户的问题，也没有提供解决问题的原因和可能，所以客户才会拒绝我们。

与客户的沟通中，销售开始的越早，越让客户害怕，你越给他打折，他跑得越快！因为我们中间缺了用问题发现需求，并用专业的解决方案回答问题的专业表现，所以客户跑了。越过这一点直接让客户买单，他要么坚决不买，要么说再考虑考虑。总之，客户听到了你迫不及待的推荐，却不明白自己凭什么要听你的。客户心里接受不了被别人左右的现实，所以脑海中就会出现抗拒——凭什么你还没说服我，我就要买单呢？

做完了这样的换位思考，你就会做好情绪管理，做到宽容。再遇到客户拒绝的时候，你就会多一些理解和宽容，也多一些对于自己的反思和成长。

情绪管理的第三点是管理语言。拿我自己来说，我会对我自己的语言做到一个谨言慎行的义务。我在讲课的过程中，每一句话我都是非常慎重，不是随心所欲，为什么？因为语言的能量太大了，特别是我们培训讲师。我大多数的课程人数都在几百人甚至几千人，如果我在台上讲了一句错误的观点，就有几百人听到。而且我讲课的受众大部分都是企业家，这些企业家如果把这些错误的观点传递给他的团队，那造成的负面影响就会波及更多的人。如果说一个人犯了错误做得不好会下十八层地狱，那么一个讲师如果为人不正直，讲错话教错东西，信口开河，没有正念正道与人就会下十九层地狱，因为这个行业影响的人太多了。所以，语言是通天的，语言具有不可估量的巨大能量。

语言的力量要么是正能量，要么是负能量。其实能量本身没有正负，而是靠我们去运用这些能量。语言的能量是非常大的，如果我们做任何事情都能从正能量出发，我们就会发现事

情变得很不一样。癌症患者一部分是吓死的，还有很大一部分是被诅咒死的。医院诊断后，说这个人只能活三个月，然后他自己的认知就是他只能活三个月了。他的家人也认为他只能活三个月了，他的朋友也会认为他只能活三个月了，每个人都觉得他只能活三个月了。这时候亲朋好友往往就会经常来看他，每个人看到他心里都会想他只能活三个月了，出门也在这样沟通，结果就是他真的只能活三个月。实际上这是一种诅咒。所以，当我们身边有人得了这种疾病的时候，我们不要去想这些，而是要祝福他早日康复。因为祝福就是祈福，担心就是诅咒。所以我们每天都要把自己的语言调整为一种正能量去和宇宙进行连接，如果你一张口，别人听见就很快乐，那是一种巨大的本事。如果你的客户一来，你一张口他就很开心，那么客户的感觉肯定好，那你肯定容易成交。人的语言通着天，一张口就是能量。语言是可以预控的，当一件事情达成有些距离的时候，有的人张口就会说这个很难实现、这个很困难。那是否可以换个方式，这个事情很有挑战，努力一下还是有希望的。如此一来转换成正向语言和正向心态，那么就会实现更多你原本想放弃的事情。当你要开口说话时，你所说的话必须比你的沉默更有价值才行。

情绪管理的第四点是自我检讨。当遇到任何问题的时候，我们都要想这件事情我有什么责任，在大家相处的过程中也是一样的。关于自我检讨我还是以自己为例。我经常被偷，大部分人在被偷了之后第一个反应是骂小偷，缺德玩意偷了我的东西。其实，小偷和警察有一个共性，那就是他们都是心理学高手。这就是为什么有的人会经常被偷。像我这种人，脑门上写着几个大字——"马大哈"，小偷也是心理学家，他们会通过一个人的言行举止扫描谁是马大哈，然后锁定目标。是谁让小偷偷的你，是你自己。被偷了，我们骂小偷有用吗？我们是不是应该自我检讨？检讨自己刚才的什么行为引起了小偷的注意。

大约十年以前，我自己带着所有的物资包括现金、样品上了车。我上了车以后觉得身体不太舒服，就趴在那里，趴着的时候又担心旁边的那个包被别人偷了。一旦担心包被偷，我便会不自觉地去看，时不时就去看一下，大约看了一会儿以后，我就心想事成了——包就被人家偷走了。原本在这个车厢里可能是没有小偷的，是我教会了他偷我的东西。所以，任何事情发生了，如果我们去指责别人，那么我们不会有任何的成长。只有心向内看，反思自己，才会让自己以后避免同样的错误。我们对自己检讨就会发现这是给自我的一个成长机会。我知道我上次被偷是因为自己的脑门上写着马大哈，那么我下次再出门的时候不给小偷这种印象，他就不会来偷我。自我检讨是非常重要的，遇到事情向内看是自我成长，遇到事情指责他人是拒绝成长。很多人发生事情了，就说这不是我的责任，是别人的问题。请问这件事情你推脱了责任，但是你成长了吗？你没有任何成长，你只是把责任推出去了。但是如果这件事情你向内看，反思一下：如果我做了这样的调整，这件事情会不会达到更好的结果？反思的过程中我们的为人处世和解决问题的能力就会得到不断提高。

大家有没有想过一个问题：你是为谁工作？你一生中所犯的最大错误，就是认为你是在为别人工作，而不是为自己工作。其实，从你的第一份工作开始到退休为止，你一直在当自己的老板，你在付自己薪水，你才是最后决定自己收入水平的人。假如你对现况有任何不满，也只有你才能够改变它，没有其他人可以或是愿意为你代劳。

对比专业的销售人员和非专业的销售人员，我们会发现，前者在发展事业的时候，会不断增加专业方面的"储备"；而后者只会很消极地看待自己，把自己看成是受雇人员或经济体系下的牺牲品，被动地等待公司花时间和金钱来训练他们成为更好的销售员。随着岁月的流逝，他们的未来会越变越窄。事实上，他们并不了解，他们是在为自己工作，他们是在为自己自我经营。

在当今这个浮躁的年代，要想重新点燃工作激情，实现自我价值，不是靠耳提面命的空洞口号，而是靠触动心底的反思。如果你想赚更多的钱，那么，你就走到最近的一面镜子前面，和你面前的这位"老板"商量一下，这个"镜中人"才是决定你能拿到多少收入的人。

当你准备好这种对自己及公司任何事情负责的心态，当你愿意对一切发生在你身上的事负起安全责任的时候，你才不会再去找借口或指责他人，反而会说："如果问题注定要发生，那么我会负起责任。"假如销售情况好，你就有功劳；假如销售情况差，你就必须负责。你"永远没有权利抱怨，永远没有失败的借口"。因为你是老板，是最高主管，你没有办法把责任往上推。

总之，建立自我肯定最首要的事就是，一定要把自己看成是一个自我负责而且自我经营的人物。从此刻起，对所有发生在你身上的事情全权处理。假如你不满意现况，就得自己想办法去改变或改善。

我们所有人都需要创造新的，而不是在修补旧的。我们把

过去的经验、性格、所学的知识通通扔掉，不去修补过去的旧的，而是致力于开拓一个全新的世界。

近些年一直在流行一句话：不忘初心，方得始终。我们就从这个词去了解成交。大家成交的初心是什么，每个人都有自己的答案。有人说我的初心就是今天我要拿下客户，因为我拿下他之后就可以赚钱；还有人的初心是压力，压力可能来自多方面：家庭、工作、任务……应该说大部分的初心都是在这里面的。要么是拿下、赚钱、压力或者是任务。我想问一下：如果你的客户在跟你交流的时候，明显能够感觉到你赤裸裸的成交他的心，他会是什么感觉？之前我们讲了，感觉好才会距离结果更近。有人说没有办法，销售本来就是把客户兜里的钱掏出来，成交他。

其实，我们完全可以转化一下自己的理念。销售是一个特别美好的事情，因为销售是一个爱的流动过程。可是大部分销售员都会把销售做成一种恐惧，一种纠结。有人纠结这个客户在我们这里已经花了很多钱，要是再成交的话于心不忍。如果我们的初心是拿下、赚钱、压力、任务，那确实会有这样的纠结。但是人有两大需求，第一个是物质需求，但是随着中国经济的发展，他们的物质需求已经基本被满足，他们更加追求精神上的需求、心理上的需求。以前我们买件衣服便开心得不得了，而现在大家每天都可能去买衣服，买新衣已经成为家常便饭。客户也是一样的，他今天来到我们公司不是在追求他的物质追求，物质追求是有限的，精神追求是无限的。而我们现在的出发点往往在想我们的需求是什么，想要的结果是什么。真正的成交高手是在满足自己的需求之前先满足对方的需求，要做到满足客户的需求，我们就必须了解对方的需求是什么。如果你还认为他是缺物质，还在以给他卖产品的心态与对方进行沟通是很难行得通的。要想成交，我们要先去了解客户的需求。

世界上最伟大的销售人员乔·吉拉德比任何人都清楚该怎么做好那些基本的东西，这也极大地帮助了他更好地理解人们。乔·吉拉德说："从顾客的角度来看，而不是从我的角度来看。这就是我的优势。"

成交是一种自然而然的结果。只是有时候我们经常将客户的购买责任当成销售人员必须要完成的成交行为。通过你之前已经与客户建立了融洽的关系与高度信任，准确定位客户需求，做一个清晰地产品计划，解决客户的潜在疑问，交易自然达成。

第四节　成交就是做人

乔·吉拉德曾说:"推销的要点是,你不是在推销商品,而是在推销你自己。"他甚至还撰写了一部名为《怎样销售你自己》的著作,来专门阐述他的这一经典思想。

销售活动是由销售人员、客户以及商品三方面要素共同构成的。客户要购买商品,而销售人员则是连接客户和商品的桥梁,通过销售人员的介绍,使客户得到更多关于商品的信息,从而做出判断,决定买还是不买。而在这个过程中,虽然客户是冲着商品而来,但是客户最先接触到的却是销售人员,如果销售人员彬彬有礼、态度真诚、服务周到,客户就会对其产生好感,很有可能进而接受其推销的产品;相反,如果销售人员对客户态度冷淡、爱理不理、服务不到位,客户就会很生气、很厌恶，即使其产品质量很好，客户也会排斥。

销售强调的一个基本原则是：推销产品之前，首先要推销你自己。所谓对客户推销你自己，就是让他们喜欢你，相信你，尊重你并且愿意接受你，换句话说，就是要让你的客户对你产生好感。很多时候，销售人员就像是一件又一件的商品，有的相貌端正、彬彬有礼、态度真诚、服务周到，是人见人爱的抢手商品，所有的客户都喜欢；有的衣衫不整、粗俗鲁莽、傲慢冷淡、懒懒散散，就会令客户讨厌，甚至避而远之。

实际上，销售与购买，其实是销售人员与客户之间的一种交往活动。既然是交往，只有彼此之间产生好感，相互接受，才能够继续发展下去，并建立起比较稳定的关系。客户首先接受了销售人员，才会进而接受其产品。因此，销售人员在销售产品时，首先要让客户能够接受自己，对自己产生信任，这样客户才会接受其推销的产品。如果客户对销售人员有诸多的不满和警惕，即使商品再好，他也不会相信，从而拒绝购买。因此，让客户接受自己，是销售人员的首要任务。

有一个基金销售人员，在他最初从事这一行业的时候，每次出去拜访客户，推销各式各样的基金，尽管他也很努力，却总是失败而归。

后来这个销售人员开始思考,究竟是什么原因导致自己失败,为什么客户总是不能接受自己,在确定自己推销的产品没有问题后,那就说明是自己身上的缺点让客户不喜欢,因此导致客户拒绝接受自己的产品。为此,这个销售人员开始进行自我反思,找出自己的缺点,并一一改正。为了避免当局者迷,他还邀请自己的朋友和同事定期聚会,一起来批评自己,指出自己的不足,促进自己改进。第一次聚会的时候,朋友和同事就给他提出了很多意见。比如,性情急躁、沉不住气;专业知识不扎实,应该继续学习;待人处事总是从自己的利益出发,没有为对方考虑;做事粗心大意、脾气太坏;常常自以为是,不听别人的劝告;等等。这个销售人员听到这样的评论,不禁感到汗颜,原来自己有这么多的毛病啊!怪不得客户不喜欢自己。于是他痛下决心,一一改正。而且他还把这样的聚会坚持办了下来,然而他听到的批评和意见却越来越少。与此同时,在基金销售方面,他签的单子也越来越多,并且受到了越来越多客户的欢迎。

可见,在销售活动中,销售人员自身和自己销售的产品同等重要,把自己包装好,让客户喜欢,客户才有可能购买你的产品。

由于客户在购买时，不仅要考虑产品是否适合自己，还要考虑销售人员的因素。在一定程度上，销售人员的诚意、热情以及勤奋努力的品质更加能够打动客户，从而激发客户的购买意愿。

影响客户购买心理的因素有很多，商品的品牌和质量有时并不是客户优先考虑的对象，只要客户从内心接受了销售人员，对其产生好感和信任，就会更加接受他所推荐的商品。研究人员在一项市场问卷调查中发现，约有70%的客户之所以从某销售人员那里购买商品，就是因为该销售人员的服务好，为人真诚善良，客户比较喜欢他、信任他。这一结果表明，一旦客户对销售人员产生了好感，对其表示接受和信赖，自然就会喜欢并接受他的产品。相反，如果销售人员不能够让客户接受自己，那么其产品也是难以打动客户的。

销售人员在与客户打交道的过程中，要清楚自己首先是"人"，而不是销售人员。一个人的个人品质会使客户产生不同程度的心理反应，这种反应潜在地影响了销售的成败。优秀的产品只有在一个优秀的销售人员手中才能赢得市场的长久青睐。

因此，你在向客户推销你的人品时，最主要的就是向他推销你的诚实。推销要用事实说服而不能用欺诈的手段蒙骗。诚实是赢得客户好感的最佳方法。客户总希望自己的购买决策是正确的，也总是希望从交易中得到一些好处，他们害怕蒙受损失。所以客户一旦觉察到销售人员在说谎或是故弄玄虚，他们会出于对自身利益的保护，本能地对交易产生戒心，结果就很有可能使你失去生意。销售人员要做到诚实须注意：在介绍产品的时候，一定要实事求是，好就是好，不好就是不好，万万不能夸大其词，或只宣传好的一面。

一位销售人员在向客户介绍他们的新产品时，不但讲了优点，还道出了不足之处，最后还讲了他们公司将采取的提高产品质量的一系列措施。这种诚实的态度赢得了用户对他的信赖，订货量远远超出了该公司的生产能力。另外，推销过程中遵守自己的诺言。销售人员大多通过向客户许诺的方式来打消他们对产品的顾虑，如许诺会承担质量风险，保证产品的优质，保证赔偿客户的意外损失，并答应在购买时间、数量、价格、交货时间、服务等方面给客户最优质的服务和优惠。但是在自己没有能力确保兑现许诺之前，千万不能信口开河。

一个合格的销售人员在与顾客交往的过程中，首先要用自己的人格魅力来吸引顾客。

某食品研究所生产了一种沙棘饮料，一名销售人员去一家公司进行推销。她拿出两瓶沙棘样品怯生生地说："你好，这是我们研究所刚刚研制的一种新产品，想请贵公司销售。"经理好奇地打量了一眼面前这个销售人员，刚要回绝的时候，他被同事叫过去听电话，便随口说了声："你稍等。"当这个"记性不好"的经理打完电话之后，早已忘了他还曾让一个销售人员等他。就这样，那名销售人员整整坐了几个小时的冷板凳。快到下班的时候，这位糊涂的经理才想起等他回话的销售人员，看到她竟然还在等。面对这个"老实"又有点生涩的销售人员，这位经理觉得她比起经常乱吹一气的销售人员来更令人感到心里踏实，于是当场决定进她的货。

所以，从某种意义上说，销售人员在推销的过程中最应该推销的是自己。销售人员应该努力提高自身的修养，把自己最好的一面展现给客户，让客户对你产生好感，喜欢你、接受你、信任你。当你成功地把自己推销给了客户，接下来的工作就会顺利得多。

诚信让你的推销之路走得更远。"诚信"包括"诚实"与"守信"两方面的内涵。诚信不但是推销的道德，也是做人的准则，它历来是人类道德的重要组成部分，在我们的日常销售工作中也发挥着相当程度的影响力。实际上，向客户推销你的产品，就是向客户推销你的诚信。

据美国纽约销售联谊会统计：70%的人之所以从你那购买产品，是因为他们喜欢你、信任你和尊敬你。因此，要使交易成功，诚信不但是最好的策略，而且是唯一的策略。

赫克金法则源于美国营销专家赫克金的一句名言："要当一名好的销售人员，首先要做一个好人。"这就是赫克金所强调的营销中的诚信法则。美国的一项销售人员的调查表明，优秀销售人员的业绩是普通销售人员业绩的300倍的真正原因与长相无关，与年龄大小无关，也和性格内向外向无关。其得出的结论是，真正高超的销售技巧是如何做人，如何做一个诚信之人。

"小企业做事，大企业做人"讲的也是同样的道理，要想使大部分客户接受你，做个诚实守信之人才是成功的根本。

在推销过程中，如果失去了信用，也许一笔大买卖就会泡汤。信用有小信用和大信用之分，大信用固然重要，却是由许多小信用积累而成的。有时候，守了一辈子信用，只因失去一个小信用而使唾手可得的生意泡汤。推销高手们是最讲信用的，有一说一，实事求是，言必信，行必果，对顾客以信用为先，以品行为本，使顾客信赖，使用户放心地同你做交易。

在当今竞争日趋激烈的市场条件下，信誉已成为竞争制胜极其重要的条件和手段。唯有守信，才能为销售人员赢得信誉，谁赢得了信誉，谁就能在市场上立于不败之地；谁损害或葬送了信誉，谁就要被市场所淘汰。销售人员最重要的是要赢得客户的信赖，要从一些微不足道的小事做起，从每一个细节表现你的真诚，以此告诉顾客：我是个诚信之人。

表面上看现在生意越来越难做，其实是各行业越来越专业了，越来越精益求精了。看起来是在洗牌，实际上是在洗人，淘汰没有信用的，吹牛浮夸、不脚踏实地的。留下的是一批坚持品质、真才实干，踏踏实实真正做事的。品牌如此，生意如此，各行各业也是如此。浮躁的社会，更应该静下心放慢些脚步。真正的危机不是金融危机，而是道德与信任的危机！

第五节　我们都是经营"人"的行业 顺便卖产品

我在做美容行业销售的时候，一直是业绩冠军。当时我成交是这样一个情景：

十多年前的中国社会，网络还不发达，我们销售人员经常到店面坐诊，用最古老的皮肤测试仪给客户测试。那时候我也不会用皮肤测试仪，但是我有成交的信念。那个年代大家都没有见过世面，作为美容顾问，你说的一切都是对的。对于来做皮肤测试的消费者来说，我就像是一个老中医，我测试之后对客户说："哎呀！你这个皮肤缺水啊！不能单纯只靠皮肤品来解决，我给你开偏方，这个偏方就是：七颗莲子，两颗桂圆，用三碗水煮成一碗水，然后每天喝可以补水，调理要由内而外。这是内在的，我再给你开一个外在的方子……"客户听到后非常相信，赶紧买单，成交就此达成。

十多年前的中国网络不发达，人们视野窄。作为美容顾问，当时就是消费者眼中的专家，很容易就能获得信任和认可。但是在网络尤为发达的今天，这就行不通了。有的客户甚至比美容师还要专业，美容师行业多是年轻女性，资历不够。美容顾问所有用过的套路对于客户来说都经历过，这个时候怎么办？

要转念，要用心。

互联网时代如此发达，可以随时在网上获得任何信息。因此，你所讲的内容是表象的，还是真心的，作为客户来说，都能收到，能感受到。怎么转念呢？各行各业都是表象，无论你是餐饮，还是今天的健康行业，哪怕是建筑行业，哪怕是任何一个距离我们很遥远，跟我们不相关的行业，所有的行业，背后的核心都是"经营人的行业"，销售员是顺便卖点产品。

例如，建筑行业，客户去买房，如果楼盘设计非常人性化，那一定卖得很好。十多年前人们买房只是考虑面积和位置，并没有太大的要求，但是今天已经不是了，要看位置、设施、周边的配套还要看物业、还要看户型……自由设计符合人性化，才能卖得好。地产行业就是需要这样的人性化才能赢得客户，占据市场。

并不是所有的从业者对自己的行业都有正确合理的认知。不同的认知就会有不同的结果。

有一位哲学家路过一个建筑工地,看到有三个工人在那里劳作,就问:"你们正在干什么?"第一个工人答:"我正在砌砖。"第二个工人答:"我正在盖房子。"第三个工人答:"我正在建教堂。"十年后,第一个工人仍在砌砖,第二个工人当了施工队长,第三个工人已经成长为一家建筑公司的董事长。

由上边的小故事可知:正确的认识行业,了解行业的本质,对于择业、从业有很大的影响。

任何行业都是"经营人"的行业,我们要考虑的就是如何"得到人""留住人"的问题,这就是管理学上提到的"人脉"和"顾客满意度"。

人脉的积累需要建立自己的人际关系网,不能急功近利,要靠真心去搭建。一旦建立起来,也是需要付出真心去培养和维护的。这就需要我们不断地提高修为,提升自己的认知水平和交际能力。

我们是社会中人，生活在或大或小的集体中，每天必须要做的就是与"人"打交道。不管你是从事什么行业，餐饮、美容的服务行业，培训、辅导的教育行业，或者是演艺行业、体育行业，都离不开"人"。套用一句武林外传的台词"有人的地方就有江湖"，是的，我们把"人"的关系处理好了，江湖就是你的了。换句话说，经营好"人"的关系，你就是"武林盟主"了。

那么"人"的关系如何经营呢？

当我们有意识地建立一张网，用心编织一张网的时候就会发现，人与人的关系非常微妙，极易获得又极易破损。

当然在我们说这张网的时候，排在第一位的不是"动机、心机"。当然，这成分固然有，但是最重要的是"初心"，起心动念是否利他之心，是否真诚。

修为自己，先修本心，因而培养自己的兴趣，多听、多看、多聊天，抓住日常生活中的任何学习机会。面向我们的朋友、客户，能有更多的话题可以聊，甚至可以提出更好的见解，这是我们获得认可最快的路。所以，学习是必须的，也是最苦的，但修心最重要，修好了自己比应酬一切外在的因素更为重要。当一个人怀有利他之心，极度坦诚，他就已经无坚不摧。如果说成长有什么方法的话，那一定是真实，从这个真实出发，你才能获得超越的力量与勇气，这个世界上没有一条道路可以通向真诚，但是真诚可以通向一切道路。

关于留住人，管理学有个词说的就是这个意思，叫作"顾客满意度"。顾客满意是消费者对事前期待和实际使用效果评价判断后形成的结果，即客户对一件产品或服务的实际绩效与期望所进行的比较。绩效高于期望，客户则满意，反之则不满意。客户满意度反映客户对产品或服务的满意程度。

当代企业都煞费苦心地想从产品、技术及售后服务上显示自己的优势，从而提高客户的满意度并扩大市场占有率，所以企业必须要把工作重点放在如何去改善客户关系、怎样提升客户满意度上，最终达到增强公司竞争力的目的。

从目前的各种客户满意度对企业的影响来看，客户满意度是与企业的产品、技术、服务息息相关的，企业只有更加重视客户的需求与感受才有可能进一步改善和提升与客户之间的关系，并且要对客户提出的不满意进行妥善的处理。

客户忠诚是指客户信赖企业，会重复购买企业的产品和服务，客户忠诚主要反映在客户未来的购买行动上，客户会重复购买同一个企业的产品，并且比较信赖，不会再进行相关信息的调查与了解。

恰逢出书的时候我正在装修新房子，需要选购一些新家具，这类的东西一定是逛到满意为止。我去了深圳的各大家居商场以及东莞厚街的国际会展中心，据说这里是全国最集中的家具展示区域。在选择的过程中，我去到一家家具店，首先这里的家具风格很吸引我，还有就是在导购的过程中非常愉快，这并不是几杯茶水和两盘水果让我觉得特别的愉悦，而是导购员在整体介绍家具设计、功能、材质、客户使用后的反馈一系列的过程让我感受到了她们那种骄傲。我喜欢这种骄傲，这种骄傲来自自信，这种自信来自她们对公司、对公司的设计团队、品质等一系列了解，每句话都充满了我是最适合你的，这个材质真的很棒、这个设计真的很牛、这个款式真的适合你；这个不喜欢，没关系，其他的一定有你喜欢的等意思。她们不会把这种话讲出来，没有明显推销话术的痕迹，就是那种自信，传递着对这个品牌的骄傲的信息，这一定是源于公司在经营的过程中把人性放在了首位，做的是给人使用的产品，设计的时候站在了人性的角度去设计，而不是站在了我要设计出多牛多炫的家具的角度。

作为一个从事企业管理工作十年的人，特别是在研发这堂课程的时候，我并没有验证过哪里是和我有着同样理念经营企业的。在给企业培训的过程中，多数收获到的是"郑老师，你这种理念太棒了，我们这么多年犯错误而不自知，伤害了多少客户、流失了多少客户，这样下去企业会越走越难"……都是关于醒悟和审视过往的反馈，而这个家具的购买过程验证了有这样的企业。我也会想起，和两个做家具的朋友聊起来我要买楷模的家具，他们说："嗯，你选那个品牌吧，非常不错！"用心做好的事情，不仅客户会口碑相传，同行想诋毁你都找不到理由。

要让客户对企业忠诚，不仅要提升企业的产品质量与服务，让客户获得的价值超出自己的期望价值，提升客户满意度，更要注意留住老客户，因为对一个企业来讲，留住老客户的难度远比开发新客户要小得多，而老客户创造的利润比新客户大。

客户忠诚度受到企业产品质量稳定性、企业服务优化性、产品价格竞争性等多方面因素的影响，它是客户对某一个企业的产品或者服务产生感情，特别喜欢购买该企业的产品或者服务，形成长期稳定的购买力的一种表现。当企业拥有一批忠诚度较高的客户，对企业来说就具有一定的竞争优势。

在买家具的过程中，我遇到的一件事情给我留下了深刻印象：有一把椅子有点小瑕疵，和对方联系后，因为要过年了，工人很紧张，不能立刻安排人来解决，对此我是可以理解的。可是第二天一大早，销售人员就亲自开车一个多小时，把新的椅子送过来。我和另一个做家具的人聊起这个事情，他说，我们的确很难做到因为一把几千块的椅子这么快速地提供售后服务。所以，我很乐意在自己的书中提起这个品牌，因为值得。

忠诚客户对企业有一定的信赖度，当企业推出新的产品或服务的时候，这些客户会比较容易接受新产品和服务，也会乐于尝试这些新产品和服务，并且向周围的人推荐，这对于企业来说也更容易开发新产品，从而提升企业竞争力，进而拓展市场占有率。

客户对一个企业的忠诚与客户对一个企业的满意，两者之间关系密切。对于企业来说，客户满意是客户的心理活动，企业提升客户满意的目的是不断地提升产品的质量和服务，改变客户对产品和服务的态度，而客户的忠诚主要表现在客户对这个企业是否有持续的购买行为，所以客户的忠诚与客户的满意不能划上绝对的等号，客户只有意愿没有行动，对企业来说也没有实际意义。

企业的运行发展离不开顾客，顾客的存在就是企业存在的根本，所以，在市场上，赢得了顾客，是取得了生存的根本。

随着信息时代的到来，新兴产业的发展尤为迅速，企业的发展模式，营销策略应该随着时代的发展而改变，以前单一的营销模式已经远远不能适应企业的发展。因此，客户关系管理应用于企业市场营销中也是极其有效的一种策略。

客户关系管理就是你与客户之间的关系维系。

从客户关系管理中能够第一时间了解到客户的最新需求，有利于企业产品的更新，为企业以后产品的走向提供思路。直到完成满足下一个客户需求满足的过程，增加客户对产品的依赖度，从而提高企业市场营销能力，促进企业的良好发展。客户对于企业产品的满意程度和对于新产品的期待能够通过客户关系管理来体现，同时，客户对于企业产品的期待度有利于在市场上形成独特的氛围，吸引新的客户，有利于企业的发展。

近段时间看到一个网友发的微博觉得感受不错：

有一个电器品牌，我买了他家不少东西，偶尔也会坏，但是从来没有换过其他牌子，有新品出还会支持，即使价格还真挺贵的。

为什么呢，因为正好我能联系到他们家的研发，每次产品出问题，我就去问，是因为啥啥啥的操作不正确吗。他们就说，首先你的操作没问题，其次如果真的是你的操作出了问题，那就是我们的设计没有考虑到这个问题，是我们的问题，总之你寄回来吧，我们研究一下，再给你换个新的。

真的，售后做得好，地球跟你跑，态度端得平，世界任你行。

和一些做企业的客户聊天，他们会说谁也无法做到客户100%满意。当然，我是认同的，如果把100%当成目标，则离那个结果越来越近；如果把100%当成无法完成的事实，那只能说似乎也看到了这个企业的未来。

也有人说，这些太好的售后，会让一些"烂"客户消耗死。我回答，你说的有可能，但我也相信，你没这样做也同样失去了一批"好"客户，如果经营企业一定要去衡量的话，那不能只衡量一端。

保持客户关系良好维系最重要的就是"真心"，用心高于努力。

第五章
你为什么成交少

第一节　没有坚定的目标让你成交少

全员成交思维不单纯说今天卖出多少东西,而是跟我们的人生有关,和你的家庭、朋友、社会关系有关系,最终给工作带来必然的联系。

对过往培训企业的回访,发现做了"转念"的企业,就是分析客户,找到客户的需求点,满足客户需求,从成就他、度化他的立场出发,通过项目、人性的结合为客户提供服务,企业业绩都是飙升的。

环顾我们周围生存的社会,我们会发现:

一等人创造环境,二等人跟随环境,三等人抱怨环境。我们究竟是要创造一个环境还是跟随环境?

什么是心态?心态是你对待一切人、事、物的一种态度。

有一个家庭，家中有三个小孩，父亲经常打母亲，生活在这样的家庭中，三个孩子对这件事情的看法态度完全不一样。老大想："我妈妈好可怜啊，我爸爸经常打她。等我长大了，我一定要对我老婆好点。"老二想："结婚真没意思，我爸妈结婚这么多年，整天吵吵闹闹，过得一点都不幸福，等我长大了我也不结婚了，一个人过算啦。"老三想："哦，老公原来可以这么打老婆啊！"

同一家公司，同样的产品，同样的市场，有的销售员业绩好，有的不好，能力固然重要，心态不容忽视。

抱怨没有用，一切靠自己。越抱怨越没有自信，抱怨是没有用的。

培训讲的东西再好，都是表象。真正的培训是解决内心的问题，内心障碍解决了，服务就自然而然做好了。在任何参加培训的时候，偶尔会听到负面的信息，会有家人、朋友不理解的，一听你要去参加培训，就会说："又去参加培训，被洗脑了。"

遇到这样的情况如何回应呢？你可以回答他：穷人洗澡，富人洗脑。洗脑是一种学习，是接收一些更好的正能量。如果你的身边有这样的人，来伸起自己的右手，拍拍旁边的人；如果有人打击你，跟他讲：不要用你小人物的思维，想我大人物

的格局。

一个人要有目标，一个团队更要有目标。对于目标的制定是要有原则的，如果涉及数据，要以 30% 为比例做基数，如业绩、收入目标一定要数据化。比方说旅游目标，不能简单地说"我要去北京旅游"，而是"去哪里、时间、几天、和谁去、预算是多少"，越是具体清晰越好。

不要认为娱乐爱好、旅游的目标很奢侈，你不会因为旅游了，娱乐了影响你赚钱，反而会因为你有这些的修整，出去有了见识，见识了更多的人，开拓了你的视野，你有了更大的追求，你会发现财富也有了改变。外出、娱乐只会让你的能量增长，并非占据了你的时间，这就是我们常说的"磨刀不误砍柴工"。学习不单纯在课堂上听讲，还有其他很多种形式。

以前我在带团队设定目标后，我都会带领他们看一下好的房子，试驾好的车子……这些东西会更好地刺激他们去赚钱。我会带着他们去花钱，钱一定要花，钱是一种能量。父母的年代都是攒钱，但是钱是花出来的，不是攒出来的。只有对生活品质有了更高的追求，才有了赚钱的动力，对精神有更大的追求，赚钱才有更大的意义。出去玩、娱乐是为了让我们的结果更好。

制定目标之后，拥有必胜的信念，对于销售人员来说，相当重要。

世界上最伟大的销售员乔·吉拉德，早年由于事业失败、负债累累，更糟糕的是，家里一点食物也没有，更别提供养家人了。他拜访了底特律一家汽车经销商，要求得到一份销售的工作。经理见吉拉德貌不惊人，并没打算留下他。

乔·吉拉德说："经理先生，假如你不雇用我，你将犯下一生中最大的错误！我不要有暖气的房间，我只要一张桌子，一部电话，两个月内我将打破你最佳销售人员的纪录，就这么约定。"

经过艰苦的努力，在两个月内，他真的做到了，他打破了该公司销售业绩纪录。

我在成长的过程中，就有一个特别坚定自己目标的例子。那一年，我接触到了培训课，看到那个聚集能量的舞台，这对于我来说是惊鸿一瞥，也是命中注定。从此，成为一名培训讲师就成了我的目标。

十年前的时候在美容行业，我已经成为公司除总经理之外的高层管理人员，每月平均几万元收入。但是我为了实现目标宁可放弃现有的优裕生活。于是我执意应聘到一家企业管理顾问公司——沈阳分公司做一名业务员。应聘的时候，沈阳分公司总经理了解我的能力后，给了我两个选择：第一是凭借之前的工作履历，直接升为总监，有一定底薪管理团队；第二就是成为零底薪的业务员，从头开始。

面对选择，我几乎是毫不犹豫地选择了后者，因为我认为培训行业对我来说是一个陌生的行业，只有从最基层做起，才能打牢基础。

这样的选择让总经理对我刮目相看，也让我的朋友们大跌眼镜：本来甘愿从几万月薪的高管突然辞职已经是疯狂的举动，如今又在总监和零底薪业务员的权衡中选择了"世间少有人走的路"。但是我面对朋友们充满不解和怀疑的目光，却只是自信地淡然一笑。

彼时，我的目标是讲师，面对企业家的那个舞台。再有培训课的时候，我就把主持人的开场白和中场串台词以及结束语悄悄记下来，铭刻在心里。心若换物，物必至。有一场培训主持人临时有事请假，负责经理正急得团团转，我自信地走到他的面前说:"经理,让我上台主持吧!"经理上下打量着我,将信将疑地问我:"你确定你可以吗?"我郑重地点了点头说:"我确定!"经理又看了看我说:"可是你没有主持服啊!"我转身去后台把自己准备好的主持服穿上了。经理看我确实做好了准备,而且当时也没有其他更好的人选,就硬着头皮让我上台主持。

  一切都是刚刚好,我出色的主持让经理心服口服并心生欢喜。接下来的中场串词和终场主持也都请我上台,而我也挥洒自如、不负众望。

  主持了几场培训课程下来,我渴望更大的舞台,更多的机会。恰在这时,公司成立了商学院,每个分公司选派两个有潜力的员工培训为企业讲师。这时候已经在演讲方面崭露头角的我自然就被选为其中一个。从此,我实现了做一名培训讲师的目标,而且在这条道路上越走越远。

  所以说,成交少有很重要的一个原因,就是没有坚定的信念和目标。我以前做销售的时候,一直是业绩冠军,其中一个很重要的原因是,我有坚定的信念,相信我的课程一定会帮助到他的企业。我从内心深处认定如果企业不接受培训、不改变、不进步、不成长,企业会越做越难。当我对我的产品不坚定的时候,我的业绩即刻就会下滑。可见,对公司和产品的信任和对自己达成目标的信念是更多成交的制胜法宝。

我这人思想很简单，我认准的事情就勇敢地向前冲，我不会顾忌太多的名利、面子和别人的看法，我想做成一件事就只管相信这件事一定能成。我看"神六"上天的实况，飞一阵子卸掉一个推进舱，再飞一阵子又卸掉一个推进舱。我明白了，敢情"神六"是"裸奔"上天的。我们营销人就要像"神六"上天一样除了必需的燃料和仪器别的什么都不带，能抛下的全部抛下——做个心念简单的"单细胞动物"，除了实现正念目标什么都不管，轻装上阵，才能一马当先。我们不能像玻璃一样脆弱，但最好像水晶一样透明，人生本就是一个不断破碎不断复原的过程。

不论要做销售也好，做任何其他事业也好，一定要修炼自己的心胸格局，目标要高远，不要天天局限于眼前的一点蝇头小利，人的心胸与格局取决于自己的眼界，你能看到什么，看多远。一个人的成就高不过他的思想高度，心胸有多大世界就有多大，所以营销人员要有企图心和坚定的信念，心念单纯地一路向前。前进的路上一定会遇到困难，一辈子太顺利这一生也就太没味道了。我们可能也会遇到前进路上独爱自己的人，佛教里叫"阿修罗"，基督教里是"撒旦"，普通人就叫他们"坏人"，我们要超脱这些人这些事，不要因为恐惧吃亏，而去迎合这些人。你要相信，你简单了，这个世界就简单，你险恶了，这个世界才险恶。

万物本无情，因你有心而有情；万物本有情，因你冷酷而无情。生命是一种回音，你送出了什么，它就送回什么；你播种什么，就会收获什么！

自恃尊荣，以万物为敌，万物也必将以你为敌！谦卑惭愧，以万物为友，万物也必将以你为友！

美国作家多萝西娅·布兰德曾在她的一本精彩小书《活着醒来》中，这样描述她的生活转向成功的秘密："一旦你决定了你想要的是什么，就像不可能失败那样去行动吧，而且一定是这样的！"如此看来，除了你对自己的怀疑和恐惧给自己造成的限制外，在销售这件事情上，你能实现些什么是没有任何局限的。勇敢行动，就像你不可能失败那样，最终勇气也会成为你的一个基本部分，而你在销售上的成功也会因此得到保障。

顶尖级的销售人员都有着一股鞭策自己的神奇力量，当一些销售新人因胆怯而徘徊不前时，他们却能凭借着高度的乐观、自信、上进心以及内心的自发力量，把恐惧和挫折统统控制住。他们坚信自己一定能够实现目标，他们总是这样激励自己。

美国最有名的销售人员斯通20岁的时候搬到芝加哥，开了一家叫作"联合登记保险公司"的保险经纪公司。尽管公司中只有他一个人，但他仍决心办好这个公司。

就在开业的第一天，他便在热闹的北克拉街，推销出54份保险单。不过，即使一开业就取得了一个开门红，但人们还是议论纷纷，认为斯通的这个公司肯定运行不了几天。然而斯通则坚信自己每天都能完成更高的目标，多售出几份保险。在肯定自己一定行的前提下，在祖利叶城，他每天平均成交70份保险单，最高纪录是一天售出122份。在不懈的努力下，公司也一天天兴旺起来，不仅在芝加哥站稳了脚跟，还在伊利诺伊州的其他地区也开展了保险业务。

斯通正是通过自我激励、自我肯定才取得成功的。经过不断的自我提升、自我成长以后，他达到了在别人看来几乎是不可能达到的目标。自我提升、自我激励对于每个人实现目标都有很大的促进作用。从本质上说，自我成长、自我提升源于自信。当人们有了某种需要，它就会激励人们用行动去实现目标，以满足需要。当目标还没有实现的时候，这种需要就成为一种期望。而期望就是一种激励力量，它会成为达到目标的动力之源。

作为一个缺乏经验的销售新人，当你遭遇到困难、失败时，一定要告诉自己：我不怕困难和失败，也不会轻易被打倒，并以此激励自己去奋斗，最终一定能取得成功。

古人云："凡事预则立，不预则废。"虽然在实际工作当中，没有预先设定目标的推销人员有时也会有所收获，但那不是真正的成功。制定目标可以帮助你获得真正的成功，并且由于你的成功是通过努力工作而获得的，它便具有了真正的价值和意义。你会极力保护你的劳动成果并使其增长，你非但不会挥霍浪费，反而会把它建立在更加坚实的基础上。不制定目标，就不能充分发挥销售人员的自身潜能；没有目标，工作中就会变得无精打采、烦躁不安，从而失去工作重点。

有这么一个故事，许多年前，有一个渔夫在捕鱼时，总是将鱼一条条地往上拉，最后总是将大鱼放回去，只留下小鱼。有人好奇地上前问那个渔夫为什么只留下小鱼，放回大鱼。

渔夫答道:"我真不愿这么做,但我实在别无选择,因为我只有一个小锅。"

许多时候,在你面临一个大客户时,你会不会说:"天呀!可别来个这么大的客户,我可没有能力办好这件事。"或者说:"那是个大客户,最厉害的销售人员都没有成功,何况是我这个毫无经验的销售新人。因此,我看肯定不行,最好还是不要去碰钉子了……"

这样的例子每天都在上演。如果一个销售新人不看好自己的能力,把目标也定得很小,那就限制了自己的潜能,自然就谈不上好的业绩。许多销售新人之所以没有很好的业绩,就是因为一遇到稍有难度的工作就害怕做不到而退缩,因而限制了自己的能力和潜能的发挥。

当你认为自己的能力不够做好某件事时,当你说出"我恐怕不行"这样的话之前,请想想这句话对你的业绩有多大影响,想想自己是不是自我设限了。如果是的话,那么你就要想办法突破自我。

要突破自我,就别光想自己的能力大小,而要想到自己的潜能大得很,然后立即行动。只要你这么去想,这么去做了,你就会发现自己的能力远远超过自己所预想的。

如果你坚信自己是一个最棒的销售人员，坚信自己总能把产品成功地推销出去，你的精神状态也一定是积极乐观、健康快乐的，你的言行举止、思想行动也一定是积极向上的。随之，你的销售之路将会变得更加平坦。

有人做销售人员，想要一朝发财，一夜暴富，但是没有哪怕失败也坚定目标与信念的耐心，这里我劝告各位一句话：伟大是时间的函数。冯仑先生写了一本《野蛮生长》，里面有一个观点，讲得非常生动：我拿着一杯水，马上就喝了，这叫喝水；如果我举10个小时，叫行为艺术，性质就变了；如果再放50年，拉根绳就可以卖票，就成文物或者新闻了。如果再放5000年，那就是国宝了。

这个论述太经典了，不是行为本身决定价值，而是时间会决定一件事的性质，会不断提升其价值。赵四小姐和张学良将军的爱情佳话感天动地，如果赵四小姐只跟张学良先生相好三天半呢？那叫一夜情；相好一年呢？那叫婚外恋。可贵的是赵四小姐跟随张少帅40年不离不弃，那就是伟大的爱情。所以跟着谁只是一方面，重要的是坚持多少年——伟大是时间的函数。

对于销售人员来讲，"信念"是一个必须强调的名词。本

来，在销售界就非常看重信念与意志。而销售人员当中的绝大部分人，现在都担负着从未有的高工作定额，以至于不得不把全部精力投入紧张的销售活动中。因为只有在销售领域获胜，才会给企业带来繁荣。随着经济萧条和商品销售竞争的逐步激烈化，在推销界，有越来越多的人认识到信念的重要性。就销售人员的信念来说，最主要的一点就是对销售的强烈追求而形成的信念。

每年都要确定自己的目标，以达到这个目标，并以突破这个目标为目的而努力奋斗。这样一来，工作定额就成为必须完成的任务了。从而使自己产生一种强烈的实现欲望：无论如何都要达到目的，进而起到督促、鞭策自己的作用。而且，每天都要检查工作定额的完成情况，并与前一天的数字相比较。为了弥补其间的差额，再反复推敲自己预先制订好的销售方案，一旦确定，立刻付诸行动。在工作定额完成之后，紧接着就是每天检查定额突破后销售数量的增长率。若是与前一年相比增长率下降的话，就要反复思考，究竟怎样才能提高增长率，动脑筋研究新方法，随即依此开展行动。

如此这般，每天都保持旺盛的销售欲望，就是信念培养法。这样去开展销售的话，肯定会自然而然地产生一种强烈欲望。

我要去工作！这种内心萌发的对于工作的渴望，正是信念的奇妙效用。

为了做到这一点，就必须实行自我限制，就是为了把自己培养成一个出色的人所需要具备的奋斗精神与进取心。

每个公司都欣赏销售人员拼命夺取胜利的性格，作为销售人员，我们也必须对工作全力以赴，不能有丝毫保留。记住，惰性与挫折难以避免，轻易放弃是可耻的，不能让业务工作中的困难和障碍消磨掉你的斗志和决心，一旦放弃或是对工作敷衍，那么对一个销售人员来讲就是失职的。无论你在任何时候，遇到任何事情，都要保持积极必胜的信念。因为唯有积极必胜的信念，才能支持你走过漫长的销售生涯，直至最后取得成功。

所以，只要认定了一个大目标，不管实现它是容易还是困难，不管自己高兴还是不高兴，总是全力以赴去做的人，才能获胜。现实中，很多销售新人一遇到困难不是去努力解决，而只是寻找借口推卸责任，夸大任务的难度，抱怨上司分派工作的不公。这样的人很难成为优秀的销售人员。能做最多的生意、得到最多的客户、销售最多的商品的，永远是那些不灰心、能忍耐、绝不在困难时说出"不"字的销售人员，是那些有忍耐精神、谦和礼貌、足以使别人感觉难违其意、难却其情的人。每

一个销售新人,都应该努力使自己成为这样的人。

总之,每个销售新人都应该明白:不管什么时候,意志坚定的人总能在社会上找到自己的位置。人人都依赖那些为事业百折不回、能坚持、能忍耐的人,愿意与他们合作,因为坚定的意志能产生牢固的信用。当你明白了成功是用失败堆积而成的时候,你就会在遇到挫折或困难时,去正视它,并去克服它。即使一时解决不了,只要坚持下去,早晚会成功。

第二节　不说人话是不能成交的重要原因

同样的产品、同样的公司，为什么有的人成交得多，有的人成交得少呢？其中很大的一个原因是销售员自我设限，自认为的顾虑束缚住了他们的手脚。例如，有个客户在公司消费了很多之后，有的销售人员就认为他已经消费了那么多，再给他介绍产品于心不忍。或者觉得客户在他那里花钱多了会不好意思，但事实是，我们不忍心的后果是顾客到别家照样继续消费，而别家的产品质量和性价比未必比这边好，所以我们的顾虑和自认为的东西成为我们的羁绊，成为成交少的一个重要原因。要清楚一点，客户花的每一分钱都是给他自己的，而不是给你的，所以千万不要觉得你拿了他的钱。其实和你没有关系，不要把自己看得那么重。

有人会在成交顾客的过程前，先自我否定，不断在心里嘀咕：如果我跟她讲了她不买怎么办，那结果当然就是她不买。当我们相信我们可以得到我们想要的结果，那么我们也一定可以心想事成。这可以用"吸引力法则"来解释。我们在生活中会发现，我们负面的思想、情绪和行为耗费了我们大量的能量，而原本我们是可以运用这些能量去创造自己想要的生活和愿望，所以只有当我们清理掉这些负面模式之后，才可以将能量转移到自己的新目标和愿望之上。我们的想法是有一定频率的能量波，而它会引起具有接近频率的能量波的共振。于是，如果我们有一个糟糕的想法，我们就会吸引具有类似想法的人，以及具有同频率的宇宙中的能量波，而最终我们会收获一个糟糕的结果。相反，如果我们有美好的想法，我们最终就可以收获一个美好的结果。

这个法则真的很灵。当时做电话销售时，我的很多同事会恐惧打电话。电话铃声一响，他就会在心里打怵并祈祷："千万不要接。"当他这样做的时候，一种情况就是客户真的没有接电话，另一种情况就是接了客户也不会买单。当我们心里一直担心顾客不买怎么办，如果成交的过程中，我们提前跟自己进行了这样的对话，那么我们成交的成功率会很低。因为我们已经向宇宙发出信号了，宇宙接受并满足了你的信号。

你好比一个磁铁，无可避免地会把那些和你主要想法一致的人与事吸引到你生活当中。假如你对自己的产品或服务有正面而乐观的评价，就会传播出一种积极的心理能量，引起成功开发客户、创造销售机会、得到业绩领先等连锁反应。没有一样东西会比成功更具连锁性。你越成功，就会得到越多。换句话说，你若改变心中的主要想法，你就可以改变自己，在生活中拥有更多。你越是热衷于这种想法，这种想法就越有力量影响你的生活。你对事情越积极、越乐观，你心理磁场的威力就越大，也就越能更快地吸引那些你要借以达成目标的人和机会来到你的生活中。一位作家说过："你的想象力就是未来美景的预告片。"依据吸引力法则，你越是幻想，不管它是正面还是负面，你越会采取行动把梦想带到你的现实中。改善生活和工作要由改善梦想开始。假如你改变了内心的想象，就可以改变外在的现实。

成交没有达成最重要的原因是没有说人话。什么叫没有说人话？就是没有讲客户听得懂的话，没有讲对方感兴趣的话，没有讲对方需求的话，我们简称没有讲人话。有一类客户，销售人员对他们的评价是"人傻钱多"。但是我们仔细想一下，钱多的人，真的会傻吗？如果他是真的傻，他就不会有今天的财富，有这样的财富就说明他有一定的智慧。即使我们没有讲人话，他也不愿意揭穿我们而已，这个世界没有什么真的傻人。所以我们跟他讲的是不是人话，客户心知肚明。我们讲的客户可能不爱听，只是他可能没有告诉我们，只是看透没说透。

　　有一次我朋友去美容院，那个美容师为了推销他们的产品，一直跟我朋友说："你脸上的痘坑真吓人，你不赶紧治疗，出去是会吓着别人的。"我朋友当时已经被弄了一脸的泡沫，但是一听这种话，立马起身走人，脸都不想在她那里洗，当然以后也再也不会去那里了。这个美容师就是典型的不会说人话，说的都是伤害人自尊的话。有的人大大咧咧，听完在心里骂完她就算了，脾气不好的真能开打，而且会给一些本来就自卑的客户心里留下长久的阴影。成交要讲人话，讲人听得懂可以接受认同的话。

第三节　有私心、怕拒绝让你成交少

在所有的成交过程中，被拒绝是正常的，被客户拒绝更是正常的。被客户拒绝就会影响心情、就会不爽、有挫败感，甚至会影响到你以后跟客户的交流，会给自己设限，假想沟通过程和失败场景："万一他也拒绝我怎么办？"

人们常说的，"人在江湖飘，哪有不挨刀""人在河边走，哪有不湿鞋"。这说明被拒绝是成交的一部分，是最自然不过的事情，很正常。再牛的老师讲销售，他也不能给你们讲百分之百的成交率。

我给大家分享一下自己唯一一次100%的成交率。在做推广期间，给众多企业家介绍课程，正常成交率在40%～50%。唯一的一次100%，是因为我们一场会只约了一个人，我就跟正常上课一样，3个小时一点也不浪费地给客户讲完。讲完之后，客户走到身边，对我说："你能这么敬业地讲完，我今天必须买单。"我当时看到只有他一个人在台下，仍然认真完成自己的工作，只服务这一个人，没有像别人那样不讲课了，或者单纯跟客户聊天。我觉得客户的到来牺牲了自己的时间，就一定是想要获得东西，学到东西，这是对我的尊重，我也必须更好地回报这种尊重。我就像面对200人一样去授课，这样感动了客户。这次成交就破了成交率纪录，第一次100%成交，虽然把这件事情当成笑谈，也同样奠定了未来培训路上的信念，每一场培训课程无论是一个人还是1000个人，我应该做的就是做好自己该做的。

我再跟大家分享一下我第一次出差被拒绝的经历。那年我做销售之后第一次出差。一家家完全陌生的店面的大门被我推开，一次次面带笑容推荐自己带来的产品，当然，一次次的拒绝如同一日三餐。

我还记得做业务时陌生拜访，有的不直接赶人，而是在拖地的时候故意往我脚底下拖，我只得往后退让，然后顺着拖把的走向，我几乎被逼到大门口。我想："我不能走，我还没有说完。他们想用这种方法让我感觉丢了面子，落荒而逃，我偏不!"于是,我灵巧地一跳,就越过拖把重新来到内厅。这个举动让里面所有的人都轻松地笑起来,我也跟着笑了。接下来,大家坐下来好好地聊了起来,最终在愉悦的聊天氛围中签了这个订单。

那次,我出差了七天,签下了十个订单。回到公司后,大家都沸腾了,因为这在公司历史上是绝无仅有的。可以说小小年纪的我创造了一个奇迹。其实如果说有什么诀窍,那就是我不怕拒绝,我的思想特别简单,就是觉得我销售给他们产品是帮助他们,所以我不存在私心和所谓的"面子"问题。

用一颗赤城的真心去对待对方,对方是收得到的。一定要记住:不是你成交客户,是客户自己成交自己。这也是成交的最高境界。在成交的过程中,即使遇到了拒绝也是正常的,如果你被拒绝了,你伤心了,那说明你的初心出现问题了。

没有贪心何来被骗,没有私心何来伤心。

拒绝会伤心,原因只有一个,因为你想卖给他东西,他不买你难过。这是正常的反应。但如果你有一颗成就他的心,慈悲的心去度化他,当讲给他需要的东西的时候,对方拒绝了,你的心"不是伤心,是焦急"。在任何事情中,如果你伤心了,首先要问一下自己的初心对不对。被拒绝非常正常,如果因此

给你造成了恐惧，你给自己内心一个对话。任何事情发生，首先要先向内看，反省自己，找到自己的不足，就能帮助客户。只要有一颗成就对方的心，客户就能收到，即使当下拒绝，过后仍是会有尊重和信赖存在，下次需要的时候还会想起你。

很多时候客户拒绝是因为产品或者服务存在问题。这给予销售人员或者公司一个解决问题的机会。只有不断增强自己处理问题的能力，才能最终拥有面对一切情况的能力。

我们还可以换一个角度想，销售中成交比较少，就是因为被拒绝的太少。做销售的过程中，被拒绝是非常正常的，如同家常便饭。在美容行业，我从美容学院的老师、美容师、业务员一直做到厂家的大区经理，做到公司高端项目的操盘负责人，我从美容行业的最底层做到了行业的最高层。可以说，我在这个行业里相对来讲受挫折还是比较少的。这个行业十几年前都是陌生拜访，做业务的过程中，我推开一家家陌生的美容院，推销自己的产品让对方加盟，被多少家拒绝过，已经数不清了，但相比还是算概率比较少的，因为我每天能走的区域是有限的，后来协助加盟店做业绩，和终端客户直接沟通卖产品给对方，被拒绝也是家常便饭，但也都是面对面的拒绝。

真正的挫折是从我进入培训行业开始的，我当时在美容行业收入颇高，一下子进入培训业变成零底薪。电话费是自己花钱，买一张宣传单页5毛钱也是自己花钱，每天都会打上百通陌生电话。在美容业的时候，我的顾客是进店的，进店就带有目的性，可是在培训业我一通电话打出去，他们根本不知道我是谁。印象很深刻的一件事，是我在深圳做总经理的时候，连续奋战几个月终于可以休息一天了。本来想睡个懒觉，但是早上八点我的手机就响了，一个女人愤怒的声音传向我的耳朵："你不要给我老公发短信打电话了！"吼得我莫名其妙、睡意全无。疑惑中我就问："你是哪位啊？"那边的声音尖锐地咆哮道："我是你妈！"这时候我已经明白是我长期给客户的邀约短信让这位女士产生了误会。当她说完这句，我就故意"卖傻"问："妈，你在哪儿？"这样一来，对方有火也难以发出来了。

打电话的时候会遇到各种各样的人，种种不乏说脏话的。例如，你他妈的不要再给我打电话了！你个骗子……很多销售员听到这样的话会很泄气，觉得受不了，但是我觉得自己特别乐观，可以笑对这些拒绝和这些难听的话，所以说拒绝对我而言是最大的成长。被拒绝的多了我们就会无视、接受拒绝。

你要知道，拒绝不是冲着你个人而来的，拒绝是商业社会对任何一种推销行为的标准反应模式。想要成为业界翘楚，就一定要消除害怕遭受拒绝的心理。假如你担心被拒绝就表示害怕去访问陌生人，结果会极不情愿地去为你的产品或服务开发新客户；假如你担心被拒绝会造成压力、焦虑，甚至会觉得沮丧，结果会瘫痪开发客户的活动，并且会降低销售人员在合同阶段的工作效率。而销售人员的害怕形式也有许多，并非所有销售人员的害怕种类都是一模一样的。

举例来说，一些低度自我肯定的销售人员在拜访社会地位或经济地位较高的客户时，会感到紧张不安，担心遭到拒绝，表现的不想拜访那些高级主管或是专业人士，结果白白阻断了不少客源，尽管他们明知这些潜在客户会从别家买进大量类似服务，原因就在于他们觉得自己不够格。有时候，一些低度自我肯定的销售员害怕卖东西给自己的朋友或熟人。因为他们担心对方会不认同他们，或是对他们的职业选择有所批评。有些时候，甚至连销售人员自己都会觉得他们做这行本来就是自己心里不接受的事情，因此他们害怕向熟人销售产品或服务。

在向陌生人推销时，害怕被拒绝最为普遍。你不认识那些人，也从来没跟他们说过话，很有可能会害怕别人说一些无关痛痒的话或是说"我没有兴趣"，这种一般化的害怕被拒绝是销售生涯发展的最大杀手。通常，害怕被拒绝是因为你害怕别人不喜欢你，嫌你很唐突，担心受批评。

为了克服害怕被拒绝的障碍，你首先要明白：拒绝不是冲着你个人来的，拒绝和你个人毫无关系。未来客户对你的了解不会深到要拒绝你这个人，他们之所以拒绝通常是因为当时的状况以及客户本身的个性问题，和你本身的人格、道德及能力没有任何瓜葛。再强调一遍：拒绝不是冲着你个人而来的，拒绝是商业社会对任何一种推销行为的标准反应模式，被拒绝是一件非常正常的事情。

在古老的东方，挑选小公牛到竞技场格斗之前都会有一个固定的程序。它们会被带进场地，向手持长矛的斗牛士攻击，裁判以它受戮后再向斗牛士进攻的次数多寡来评定这只公牛的勇敢程度。换句话说，我们的生命每天都在接受类似的考验，如果你坚忍不拔，勇往直前，迎接挑战，那么一定会成功。

其实，生命的奖赏远在旅途终点，而非起点。尽管你并不知道要走多少步才能达到目标，而且在踏上第一千步的时候，也仍然可能会失败，但是成功恰恰藏在拐角后面。再前进一步，如果没有用，就再向前一步。古老的平衡法则早就告诉我们：每一次的失败都会增加下一次成功的机会，这一次的拒绝就是下一次的赞同，这一次皱起的眉头就是下一次舒展的笑容。今天的不幸，往往预示着明天的好运。

　　事实上，那些最佳的客户总会是你当初销售时持否定态度的人，是可以预料到的。每个人每天平均都会被数百种的商业资讯轰炸得疲劳不堪，即使未来客户需要你的产品及服务，可是由于资讯太多，他们最初对你免不了会持负面反应。而那些有希望的未来客户也总是很忙碌，即使他们还没忙到要垮掉，他们的时间也是非常宝贵的。你的工作就是要冷静、有耐性，了解未来客户不论对你说了什么都不会影响你，要知道，他们并不是冲着你个人而来的。如果你想成为业界翘楚，就一定要消除这种害怕遭受拒绝的心理。你只有完全了解这些，并完成态度上的转变，才能改变你的绩效。

第四节　感觉不好，成交就少

　　我一直觉得钱是好东西，我很喜欢钱，也很爱钱。穷的时候这样想，不穷的时候，更是这样想。一个尊重钱的社会，必然充满了理智、正义、自由、创造和成就。君子爱财取之有道，爱财更要敬财。一个尊重钱的人，必然会尊重市场规则，做最好的产品，提供最佳的服务，成为最有头脑和能力最强的人。

　　大家都喜欢钱，大家看到这些钱的感觉如何？我每次看到钱的时候我都很兴奋。之前我带销售团队的时候，我亲自负责招聘，当聊到一定程度的时候，我会突然从我的抽屉里拿出三万块钱，把它们拍到桌子上。我会问他们喜欢钱吗？我就听他们如何回答自己对待金钱的认知，悄悄观察每个人的表情，如果这个人看到钱很开心，对金钱敢于正视和正念，那他一定

可以试用。如果这个人面无表情，那说明他对钱是不感兴趣或者不敢正视金钱，所以他能把销售做好的可能性不大，就不会立刻做决定录用。大部分人都喜欢钱，喜欢就大胆去表达，没有什么不好意思的，因为君子爱财取之以道，以勤劳和智慧换来的金钱是值得骄傲的事情。

赚钱不是贪欲，大家不要把赚钱当作贪欲来看，赚钱和贪钱是截然不同的，是两个完全相反的概念。赚钱是运用你的大脑、思想、经验和智慧来达成的一种赚钱的目的，对方愿意给你这个钱，你愿意赚到这个钱。而贪钱是不顾一切的，没有原则和底线的，见钱就要把它弄起来，据为己有，实质等同于"抢钱"，只不过抢法不一样而已。

有钱的感觉很好，但是有钱就有一切了吗？就拿过年来说，是我们小时候快乐还是现在快乐？答案一定是小的时候。那现在钱多还是小时候钱多？答案是现在。那为什么钱没有给我们带来快乐呢？因为小时候很容易被满足，小时候有一件新衣服我们就很高兴，现在我们随时随地都可以买到新衣服。以前只有过年的时候才可以吃到肉，现在我们已经天天不想吃肉了。我们大部分人很喜欢钱，可是我们真正内在的快乐并不都是跟钱有关系。有很多老板现在的财富跟过去十年相比是多了很多，可是如今他们的内心很空虚。很多人获得了巨大的物质成就却没有喜悦甚至不幸福。人们基于恐惧、匮乏、压力、贪婪和对自我深深的不满足，不停地驱迫着自己去寻求更多。

我们可以发现当一个人的财富累积到一定程度的时候，已经不是钱可以给他带来快乐的了，而是精神。所以很多企业家开始做慈善后重新变得充实和快乐。我们会发现，人到一定程度的时候，不是单纯的金钱就能带来快乐，还需要精神上的满足。大家可以思考一下，我们的生命中有没有自己非常尊重和敬仰的人，再分析一下我们敬佩他们的原因，是不是因为他们有钱？分析之后我们发现我们敬佩一个人跟他有没有很多钱是没有多大关系的。追究到最后，我们发现认可和尊敬的人竟然和钱的关系不太大，而是因为他的人品、性格等方面让人佩服。所以说，当我们走到最后我们除了追求钱以外，更加追求的是认可与尊重。

我们成交了一个客户，拿到了我们的劳动所得和提成，那一刻我们开不开心？客户因为我们的产品获得健康或者美好，客户回来感谢我们的时候，我们所感受到的开心和成就感有没有超越金钱？当然有！我们会发现我们最终追求的是客户的认可和尊重。既然我们是在做和销售有关的工作，如果客户非常

认可我们，客户非常尊重我们，那我们的业绩自然就不会差。因此，不要把钱放在第一的位置上，钱是我们做好我们该做的事情后顺便而来的东西。除了钱以外，我们追求的是认可与尊重。认可和尊重不是靠任何一种实际的语言可以表达出来的，就是一种感觉。如果我们跟客户沟通，客户对我们的感觉就是好，那这个客户肯定认同我们；如果客户感觉好，认同我们，那么我们距离目标就近。所以我们跟客户首先建立的就是良好的感觉。

感觉非常的重要。有时候我们身体非常不舒服，去医院做检查，检查结果显示身体没有什么问题，各种指标都正常，可是我们就是感觉不舒服，便认定自己身体有问题，这就是感觉的力量。今年我给自己的人生规划是6月份之前不工作的，这半年我计划要学习，适当休息，多学一些有用的课程，我跟我的朋友们说如果遇到好的课程可以给我推荐一下。其中有一个朋友上完一堂课跟我讲："姐，我上完课了。"我问他："你感觉如何？"他告诉我："感觉非常好。"我听到这个反馈，直接问她："下一期课程的时间是几号？"我们之间没有关于课程的其他交流，我也不知道他上的具体是什么课程，主要是什么内容。我只是听见他说感觉很好，因为对他的信任，我就直接问了下一次课程的时间，然后迅速报名了下一期。

　　举例来说，一个美容院让一个顾客做完皮肤护理之后，皮肤变得很白，这并不能成为这个顾客转为介绍的理由，因为其他美容院也可以做到这点。但是如果这个顾客走出去向她的朋友说这家美容院不仅效果好，各方面感觉更好，那么转介绍率就会很高，这就是人性。我们的服务让她感觉很好，我们对她讲的所有的话，她都愿意接受。顾客对我们的感觉很好，她出去就愿意跟别人这样讲："你去那家做吧，那里的感觉真的不一样。"那些皱纹变少，皮肤变白，都只是一个表象，真相是她的感觉好。所以说，感觉好就会离结果更近。相反，如果她的感觉不好，那自然你就成交少。

　　金钱和财富是被完美的人格吸引而来。当你在你的行业中，用心做产品，让产品质量过硬，对得起良心，当你用最真诚的心服务客户，认为把事情做到极致比赚钱更值得追求，这时候你肯定会把事情做好，也肯定能够赚到钱。有人认为服务就是伺候别人，贬低自己的过程，这种观念是错误的，服务的终极目标和最终效果都是精进自己、分享他人。

　　当你把顾客看成消费者的时候，你看到的是他的钱，而没有注意到他是一个人。事大于钱，而不是钱大于事，钱来事情未必成。如果你每天只想着怎么把客户的钱变成自己的，钱可能能赚到，但你一直追着钱跑，会很累。如果不把自己修正，永远都累。累的原因是把钱看得比德更重要。所以，钱跟德一定要平衡，钱是最终果，德是因、是种子。

第六章
修心就是修命

第一节 成交 无处不在 无人不需

今天学习"心法",这是终生受用的能力。其实人的成交是无处不在的,跟家人的沟通、老公孩子的沟通、跟父母的沟通,都是需要成交的。成交技能学完之后,不是单纯用在工作上的。

工作、生活里的成交无处不在,你希望孩子做什么事情,如果强势沟通,站在背说明书的角度沟通,这样做不好,是不会有好结果的。什么叫逆反,逆反心理是因为你不知道孩子要什么。销售不对,是因为没有讲"人话"。

任何事情都是需要沟通来成交,包括两性关系、家庭关系、上下级工作关系。要把成交当成生命中的一部分,把他变成水到渠成,当成生命的一部分,像骑自行车一样成为你自身具备的一种能力;而不是你挣钱的技能,不是话术、技巧让你的成交能力有温暖，有感情。

话术、技巧已经学过很多，学习的是心法，用心法把话术与技巧结合起来。记住，光有心法没有技法是不行的；光有技法走在今天是可以的，走到未来是不行的。所以，要把心法和技法有效地进行结合。

第二节　成交，就是成就人生

在一次讲课时，我让学员们列出成交的好处，他们在很短的时间里就列出了这些：

赚钱、增加信心、感觉好、成就自己、增加业绩、感动自己、开心、有权威、让别人变美、给顾客解决问题、证明自己有能力、有竞争感、让别人家庭幸福、影响下一代、影响他人、增加团队荣誉感、更开心的服务、心想事成、传播健康、得到客户信任、有爱心、增加顾客、夫妻恩爱、让顾客减少自闭的发生、让顾客感动、增加真心的朋友、增加福报、拓展思维、放松心情。

我在此基础上对成交做了延伸。成交可以让一个家庭变得更幸福；好的成交运用到国际社会，有利于促进和谐安定，成交的力量是很大的。过去我们说的成交就是买卖成功，经过分享会发现，成交有有形的，也有无形的。成交的好处不是单纯地像过去所认知的，在成交的过程中，成交越多，你就会帮到越多的人，结果越好，你就越自信，自己就会越来越强大。

你可以回忆一下与客户沟通的过程，他们是否在教你如何沟通，有的客户说他近期有什么需求或者有什么新的规划，然后你就会根据你的业务能力匹配产品项目给他，合作成功后，就会获得表扬，获得认可。在解决客户的一个问题之后，再有其他的项目，他也会觉得你是在为他考虑，他就会对你的推荐很放心，会给予你尊重，给予你爱戴，因为你值得。你不是赤裸裸的拿着刀去谈才成交的，我从开始就拥有一颗成就自己和他人的心，你有这样的初心，这样的慈悲心，客户就会收到，客户就会觉得值得。

成交的过程中，同时成就了更多人，成就更多人就会有更多人爱你，更多人爱你是因为你值得被爱。如果你的成交不好，是因为你的顾客不够爱你，为什么不爱你，是因为你没有一颗成就他人的心。

任何的结果不好，都是我们经营不好，是我们自己种下的因果。

第三节　全员成交思维　成交不是技巧 是心法

"全员成交思维"很重要的一点是，成交不是单纯为了做销售，不是单纯为了卖东西，而是成交人性，成交人气，顺便赚钱。这是我们的成交过程。

成交能力不是销售人员与生俱来的能力，而是每个人都要学的，成交能力会缩短你成功的时间。

这个课程是关于"如何成交"，没有很多技巧和方法，但是这一课程会突破你的内在。把过去学过的所有话术、技巧结合今天的心法，可以使自己的销售能力变到最强，成交绝对不是技巧，而是心法，心法不开，技法无用。

听这个课程很简单，把"心"带来。心与心的交流，是成交当中非常重要的东西。成交能力缩短成交的时间，具备成交的能力，就可以民心所向，众望所归。

有一次我培训一个企业，发现他们总经理的成交能力超级强，她可以快速地与任何人成交。成交的关键就是：她的初心。我上课之前都会让学员以及他们的领导填写一份调研表，在这家公司收到的调研表是我见到的最让我感动的一次。

表格里有一项是：对企业整体的自我评价。她的回答是：我们的企业特别好，企业文化好，团队特别优秀，员工整体素质高、善、踏实。

你希望你所经营的企业成为一家怎样的企业？她对这个问题的回答是：我希望我的企业将来发展成为员工个个都是传统文化的力行者，她们每个人在自己的家做一个好妈妈、好妻子，来到企业做一个传统企业的接班人。

对团队的自我评价，她写：优势是善良、踏实、忠诚，团队和谐；劣势是好好学习技术，服务好客户，希望员工有自己的人生，依靠心不要太强，希望自己可以独立。这也是我在其他企业没有见过的，一般劣势都会写：销售能力太差，服务能力太差。

我在收到其他企业的调研表时，看到一般填写的是：我希望打造一支战无不胜的团队，有超级的执行力和销售能力，可

以让我的企业提升一个台阶，业绩突破多少……而这份调研表，看不到业绩两个字，能看到的都是对员工的期望和培养，希望他们能够变得更好。企业老板的初心和为人，一个表格就能看出来，让人感动。

那天我跟这个企业老总沟通，她问我："郑老师，你结婚了吗？"得知我未婚之后，她的表情是一脸的担忧和迫切，叨叨着："还没结！还没结！"这是发自内心的关心，就像家人，像母亲那样慈悲的力量。就这样瞬间成交我，收了我的心。

一个企业要做成，一为自我修行，二为员工考虑多少，三为客户考虑多少，再说大点，为社会做了什么。那个企业的员工在这里这么开心，拿着高工资，不低于北上广，有这样好的工作和生活，那是离不开他们这个成交高手的。她有一颗成就人的心，就能完成成交。

做企业管理多年，面对大大小小的企业，中国经济也发生了变化，很多中小企业大量倒闭、死亡、破产，企业能存活到最后的具备以下特征：定位精准，老板为人初心是对的。他们的领导具备成交能力，众望所归，这就是成交的魅力。成交能力强，就会有更多的人认同你，你就会有更多的影响力，更多的人愿意去跟你合作，跟你一起做事情，交朋友，最终成就你们自己。

看一个企业成功不成功，关键是看这个企业的员工在客户面前提起老板和公司是什么评价，有没有发自内心的敬佩和荣誉感。所以说，你心里装着别人，就一定能成功，即使没有达到理想的目标，自己的人生也随之圆满了。企业领袖一定要有这样的使命感：企业兴亡，我的责任，顺势择市。

第四节　梦想成真 VS 梦想当真

梦想成真与梦想当真有什么差别？

有人对我的评价是这样的："你是一个蛮奇怪的人，永远看不出来你有多少钱。"你什么时候看到我，我都是一副非常有钱的样子，我永远把自己当成一个富豪，虽不是挥金如土，给大家的感觉就是这样。我就是活在一个"梦想当真"的过程里。我跟他们说，你把梦想当真，你的梦想一定成真。

我玩斗地主，从来没有脸红心跳。我的记忆力特别不好，举个例子我的记忆力不好到什么程度，公司来了一个总监，我不认识，也不知道是谁。我就问同事："公司来了个女孩，叫××，哪位是？"同事就指给我。大约过了一周，公司聚餐，我跟她坐一桌，我问："这个人是谁？"同事回答："××。"

这样的记忆力不适合玩斗地主。斗地主需要记牌，同事们玩两副牌，想想我斗地主的结果，必输无疑。但是我玩斗地主，虽然输，但是看不出我焦虑。我很兴奋，也很开心。后来同事斗地主都不带我，他们觉得赢我的钱有罪恶感。对我来讲，我虽然没有解脱生死，但我已经超脱金钱对我的束缚了，玩斗地主的目的是愉悦身心，不是争输赢。

大家纠正一种表达，用词要正向，当我们有一个任务或者觉得它有难度，不要用"困难"这样的词，换一个词叫"比较有挑战"。语言一出来就有能量，要让我们的语言有正能量。有了目标有了动力，就会想办法，所以做梦要公司全员一起做，梦想成真，更需要全员的共同努力。

地图不是实际的疆域，你们的能量也不是你们过去所认知的，要把它打开；业绩也不是你们所设定的，业绩不是用来设定的，是用来超越的。

感觉好离目标更近，感觉是可以创造的。不要去修补过去旧的，要创造新的。培训结束并不是真的结束了，还需要你们进行落地、实操，把目标实现。人生就是这样不断修行、不断成长、不断进步的过程。

修行其实就是修心，所有的不如意都是过去自己的德行不够。命苦来自自我，与外界无关；命顺来自修行，与运气无关。你想要什么样的结果，你就要去修为自己。

人们常说"人不为己，天诛地灭"，这句话一直是误传的，字面是讲自私的意思。它的本意是：人不为（二声）己，天诛地灭。它是讲人不修为自己，世界就无法自然运转。每个人不修行自己，做好自己，世界就不会很好地运转。

修行的第一法则"一"，专一地把一件事情做好，用99%的精力把一件事情做好，而不是用100%的精力做99件事情。我们要修行的是我们的技能，要把自己的工作、生活当成修行，这种修行是无时无刻都存在的，人最大的道场是你的内心。

生活就是最好的修行，把所学的再运用到我们的生活当中，让我们的工作、生活更好。心对了，人才能对；人对了，事才能对。心法对了，过去的一切技能才能事半功倍。本书可以说是教给大家心法，打通各位的"任督二脉"，运用你的技能更好地成交自己，成交生活。我心是一切，一切是我心。境由心造，你想要的环境和境界都是由你的心来造出来的。你想要更好的业绩，由你的心来决定，而不是你的话术、技巧。

送给大家几句话：

> 思想决定机会，
>
> 性格决定左右，
>
> 状态决定快慢，
>
> 观念决定贫富，
>
> 心态决定苦乐。

思想、性格、状态、观念、心态这几项决定了，那个人的命运就可以自己做主。做到真正的"命运掌握在自己的手里"。穷人吃万苦不吃学习苦，富人避万难不避学习难。这就是人生的改变，这是通往人生的路，学习是富人才有的思维。命是我们修来也是我们吸来的；财富也是一样的，你的修为到了，修行到了，你想要的都是心想事成。

人生有三大恩"生育恩、养育恩、培育恩"。养育恩大于生育恩，培育恩没有血缘关系，也没有感情连接，但是如果一个人愿意花时间、金钱来培育你，就值得你好好感恩。技能、技巧、话术、说服力的课程，即使背过，后期也会遗忘，只有学习心法的过程，会注入你生命中，就像学会骑自行车一样，成为你生命中不能缺少的一部分。今天讲的这个过程，是一个行善积德的过程，可以传播正向的东西。技巧和销售方法是我们

走过的路，但是到了一定阶段，也要提升一个境界，因此我们要学习"心法"。这都是销售的必经之路。

一段爱的对话，送给每一位读者。愿每个人的生命都活出真实的自己。让我们开启觉知、喜悦、富足的生活！

问：你们拥有什么？

答：我们只有一样东西，就是爱！

问：你们不卖产品吗？

答：我们所有的产品都是爱的信物！

问：你们的工作是什么？

答：我们的工作就是爱别人！

问：你们有自己的目标吗？

答：我们只有一个目标，就是爱我生命中每个相遇的人！

问：你们追求利润吗？

答：利润不是追求来的，是客户满意后给予我们的恩赐！

问：你们有了钱干什么？

答：我们用客户的恩赐去爱更多的人！

问：你们不爱自己吗？

答：我们使自己成为可爱的人，可爱的人才会有人爱！

问：你们爱别人，别人不爱你们，你们怎么办？

答：感恩让我们爱别人，持续的爱他们是我们的信仰！

问：你们爱弱小、爱陌生人、爱你们的对手吗？

答：是的，我们爱他们，因为真正的爱是没有分别的！

问：你们自己也很辛苦，还会爱别人吗？

答：辛苦是因为只爱自己，而真爱别人必定是幸福的。

问：一路风雨，是什么力量让你们勇往直前？

答：是爱的信仰，风雨只是信仰者前行途中的风景！

问：你们到底是什么人？

答：我们就是爱的天使！

后记

十年以后的公益课堂梦

在做"全员成交思维"之前,我在一家培训公司做合伙人,尽管可以赚钱,但缺少了内心的原动力。由于所在的平台看重的依旧是利益,而没有解决客户需求,这与我的价值观不同,因此我最终选择回归本心。给自己的规划是不急不躁,暂时没有方向的时候,我宁愿让自己停下来。我想,等我重新出发的时候,我想的绝对不是赚多少钱,而是能创造多少价值,做多少有意义的事,可以成就多少人,可以真正帮助合作的人,信任你的人。我相信当我们真正成就对方,解决对方需求的时候,赚钱是顺便的事情。如果不从客户出发,那就会越想赚钱越赚不到。人生就是这样,越想要越得不到。君子务本,本立而道生。道法自然,做好了自己,该来的都会来。

停下来的时间并没有真正闲下来，我不断地在思考总结忏悔过去，也在规划探索未来。追溯自己的前半生，做销售做管理可谓有一套自己的心得，深刻地理解到成人才能达己的真理。但是由于身处公司的大环境中，自己没有能够按照自己的起心动念、自己的初心一路坚持下去。因此，我决定在后半生弥补这个遗憾。

休整的时间里也在不断地修正自己，我也在挑选适合自己的课程去学习、去禅修，选择了一家机构去上177天的课程，不是因为这个公司实力雄厚，也不是因为能从课程中学到什么知识与技巧，只是有两个字深深地吸引了我的目光——"公益"。

很长时间以来，内心一直有个规划，十年之后开设属于自己的公益课堂，在自己的能力范围内免费给需要的人授课，是我为之坚守的理想。经过十多年在企业里摸爬滚打，看到了很多企业的生死和兴衰，我对于中国中小企业家的苦和累感同身受，很多企业家虽然很努力很刻苦，但是最终不管是企业还是家庭都出了问题，陷入痛苦中又找不到原因。所以，我希望十年后我能用自己这么多年来的所思所悟度化有缘人。通过参加一个公益平台的过程，深深感受到，经营好一个公益平台，并不比经营好一个企业简单。但是做好一个公益项目却比经营好一个企业更加让人有力量。

我深知，打铁还需自身硬。只有自己积累到足够的资历、能力、资产、德行才可能帮助到别人。就像在出事的飞机上，要帮助别人之前，必须先把自己的氧气罩戴好。只有不断积累自己的内在修为和外在财富，才有可能实现自己十年后的梦想。我经常对大家说："如果我十年后能成，一定是因为这个十年能成。如果我这十年不成，那么下十年也不成。"活好当下，做好自己，先走好未来这十年……

也恰好一整年的时间，2018年春节期间，完成此书，观点不论对错，只是我个人的认知，仅此而已。不为扬名，只为与君共勉，有缘人自会相遇……

全员思维联合发起人（按照姓氏拼音排序）

陈小芬

鑫联为科技发展有限公司董事长

鑫联为成立于2006年，是一家集研发、生产、销售与售后服务为一体的专业自动化整厂解决方案的生产提供商。公司主要致力于"3C"行业的非标自动化设备及整厂整机自动化，设备在金属加工、玻璃加工、塑艺加工、教育行业、新能源等行业全方位覆盖所有相关生产制程，成熟的整厂制程优化和升级解决方案，满足客户各类定制化需求。为企业能够进一步提升核心竞争力奠定扎实的基础！

陈波

中国政法大学民商法学博士
国家法官学院分院客座教授
《全员成交思维》法务顾问

速赢律商国内首家线上、线下一体化财法税商咨询服务平台，百名法学博士、注册会计师、税务师、咨询师专业团队，给企业提供法律、财务、税务、金融资本、项目运营、落地执行方案等全方位、多维度的服务。速赢律商——企业助推者！

蔡宏绅（原名蔡正斌）

团队凝聚力训练导师
《打开心门、快乐工作》课程创始人
湖南捷卖通贸易有限公司董事长
长沙吉宝食品贸易有限公司董事

曹青

康至源企业管理有限公司教育总监
南京青里三号产后修复连锁创始人
江苏美业"彩虹行动"发起人
放弃的理由有很多，坚持的理由只有一个——已经开始了！

姜俊冰

聚成华企冠军讲师

盛世纵横冠军讲师

华夏鼎盛基金合伙人

蚂蚁汇创始人

专注助推民营小微企业发展

姜苏洋

惠利群生团队创始人

我希望那些想了解我的人能获得自由、平安和无限的丰盛，并享有永恒的快乐！

李玉娜

湖北格瑞泰化妆品公司总经理

格瑞泰成立于 2012 年 9 月，是一家由 80 后、90 后年轻人组成的，专业为美容行业提供优质品牌、技术服务、教育支持、售后维护、品牌推广、店务整合为一体的综合型企业管理公司。目前已与数百家美容院建立了合作，在湖北美容业赢得了良好的口碑和业界形象，创造了无数个成功的经典案例。

李左太

原弘愿文化传播有限公司董事长
李永民工作室执行董事
国家二级心理咨询师、NLP 执行导师、婚姻家庭治疗师、私人健康管理师、家庭系统排列师、青少年心理成长资深顾问
主讲课程:《红尘有爱》《李左太女子钻石成长班》。
她有跌宕起伏的人生传奇的经历，笃行孝道成就了自己，她的大爱托起了有伟大梦想的丈夫。职场中的她愿意为每个生命搭建一个爱的成长平台。舞台之上她用简单幽默的语言唤醒了无数沉睡着的灵魂。

刘颖

糖果金融信息服务股份有限公司总经理

糖果金融成立于2014年，总部位于北京，公司于2017年3月签约海口联合农商银行，同年7月正式完成银行存管系统对接上线，实现平台投资人和借款人之间的出借交易将直接通过银行存管完成，用户资金与平台自有资金完全隔离。通过不断创新，从用户的核心需求出发，为广大用户提供更为便捷的互联网金融服务体验。

任田荣

香港众流归海国际健康产业集团总裁

众流归海创造了中国美容业市场上一个又一个的奇迹，公司员工百分之八十科班出身，毕业于广西医科大学和中医药大学，我们年轻，但我们勇往直前，不畏艰难！也源于公司的大平台、大系统，统一和标准，众流归海人也会坚守使命，继续前进！

杨萍

深圳市有机会有机产业有限公司创始人、董事长

"有机会"成立于2012年,是一家集种植养殖、健康连锁餐厅、生鲜供应链的现代农业产业链公司。专注于偏远山区的特色品种,线上线下一体化,为消费者提供便捷优质的消费体验,为"从农田到餐桌生态链"健康良性的发展贡献力量!

张荣

关爱教育董事长

戴妃学院董事长

敬为投资董事总裁

历任聚成集团副总裁

国际资源整合研究中心常务副总裁

20余年培训及企业管理生涯

超3000场演讲培训,受众学院数十万人

主讲课程:《时间管理》《团队复制》《路演天下》《团队执行力》《企业家演说智慧》《高效工作五大技能》等。

郑婷瑜

广州匠芯研选科技有限公司联合创始人

匠芯研选秉承着万里挑一，好的产品其实没有那么贵的商业理念，打造出女性生活用品直供商。三大核心优势，款款严选，款款裸价，款款爆品，开启新零售的裸价模式！

朱丽

大连文成国际市场部经理

透过现象看本质，我喜欢用这句话不断地提醒自己，在成长的路上遇事多分析、勤总结，因为这样可以更好地认识自己，只有足够了解自己，才知道如何遇见更好的自己！

郑军

深圳市有爱有家房地产投资有限公司总经理，房地产投资实战专家

2013年起，从零开始到现在在深圳拥有四套房产，价值三千多万元。如果您也对房地产投资感兴趣，我愿意把我的方法毫无保留的分享给您；如果您和您的朋友有房地产项目，如住宅、写字楼、公寓、商铺遇到销售方面的问题，我和我的团队愿意为您提供策划、销售等整套服务……

曾依文

企业高绩效团队建设训练导师
家族系统排列师

资历：国家二级心理咨询师、NLP执行师、家庭系统排列师、完形治疗、头荐骨治疗等心理学课程

现任：聚海东方华夏文化发展有限公司专职讲师，聚成企业管理顾问有限公司大课讲师团讲师，聚成集团公司团队培训教练

曾担任：西安啄木鸟文化发展有限公司讲师、北京伟克卓越文化发展有限公司讲师。

主讲课程：《企业高绩效团队建设训练》《教练技术第一阶段》《家族系统排列》。

郑晗

暖暖工作室

郑晗老师工作室

万事万物因缘和合而生

愿与志同道合的有缘人相聚于此！

代军

"格部落"创始人

"格部落"原创独立设计工作室

中国风原创手工定制、老绣，有腔调，每一件都是单独打版定制，坚持原创，永不撞衫；卖喜欢的东西，遇眼光相似的人；写内心的声音，碰灵魂相通的个体；若不能共对雅俗，就一同相忘于江湖；精细做工是"格的灵魂"，是一种时间的沉淀，你的美丽，我的动力！